CB081538

Contratos VI

Contratos VI

Ineficácia

Carlos Ferreira de Almeida
Professor da Faculdade de Direito da Universidade Nova de Lisboa

2019

ALMEDINA

CONTRATOS VI
INEFICÁCIA

AUTOR
Carlos Ferreira de Almeida

EDITOR
EDIÇÕES ALMEDINA, S.A.
Rua Fernandes Tomás, n.os 76, 78 e 80
3000-167 Coimbra
Tel.: 239 851 904 · Fax: 239 851 901
www.almedina.net · editora@almedina.net

DESIGN DE CAPA
FBA.

EDITOR
EDIÇÕES ALMEDINA, S.A.

IMPRESSÃO E ACABAMENTO

Abril, 2019

DEPÓSITO LEGAL

Apesar do cuidado e rigor colocados na elaboração da presente obra, devem os diplomas legais dela constantes ser sempre objecto de confirmação com as publicações oficiais.

Toda a legislação contida na presente obra encontra-se atualizada de acordo com os diplomas publicados em Diário da República, independentemente de terem já iniciado a sua vigência ou não.

Toda a reprodução desta obra, por fotocópia ou outro qualquer processo, sem prévia autorização escrita do Editor, é ilícita e passível de procedimento judicial contra o infrator.

ALMEDINA | GRUPOALMEDINA

BIBLIOTECA NACIONAL DE PORTUGAL – CATALOGAÇÃO NA PUBLICAÇÃO

ALMEIDA, Carlos Ferreira de, 1938-

CContratos. – (Manuais universitários)
6º v.: Ineficácia. – p. –

ISBN 978-972-40-7925-7

CDU 347

Aos investigadores portugueses do direito,
pelos contributos, hoje e sempre, para a cultura europeia

PREFÁCIO

Como expliquei no prefácio do volume V deste manual, as questões da invalidade e da ineficácia (em sentido restrito) relacionadas com contratos são afinal abordadas em volumes sequentes.

Suponho que esta monografia é, no direito português, a primeira sobre a ineficácia *stricto sensu* dos contratos, que, nas fontes de direito, vem sendo tratada de modo disperso, fragmentado e até menorizado. A bibliografia estrangeira pouco ajuda. Daí as dificuldades deste meu ensaio.

Apesar das flutuações de terminologia e de regime, é ainda assim possível descortinar no sistema jurídico português os traços essenciais para distinguir entre invalidade e ineficácia em sentido restrito, o que é um estímulo para aprofundar a destrinça concetual e tornar fecunda a separação de regimes. Sob este aspeto, o direito português revela-se mais sofisticado do que os outros direitos.

O estudo dedica uma parte analítica, que é a mais extensa, aos fundamentos de ineficácia – ilegitimidade, suspensão e cessação de vigência do contrato, omissão de autorização e de comunicação e ainda outros fatores mais difíceis de sistematizar. A parte sintética, que é a mais curta mas a mais ousada, insere contributos para um regime geral da ineficácia *stricto sensu*. A novidade corre o risco assumido de não ser sempre acompanhada de soluções simples e indiscutíveis. Espero que os meus colegas universitários e outros profissionais do direito se pronunciem, apoiando o que fica escrito ou apresentando soluções alternativas.

Lisboa, março de 2019

MODO DE CITAR

A primeira citação de cada obra é completa e igual à que consta da lista bibliográfica final. As citações seguintes da mesma obra contêm apenas os elementos que, no contexto, se revelem úteis. Nas obras em português, preservou-se a grafia adotada no respetivo título.

As disposições legais citadas sem outra indicação pertencem ao Código Civil português de 1966, salvo se for diferente a inferência que resulte claramente do contexto. A jurisprudência citada sem outra fonte foi recolhida em http://www.dgsi.pt.

Só se usam abreviaturas que, pelo uso corrente ou pelo contexto, dispensem explicação. As referências a passagens deste manual fazem-se através da indicação do respetivo volume, seguida do número e da subdivisão, ou só do número e da subdivisão, se pertencerem a este VI volume.

§ 1º SOBRE A INEFICÁCIA EM GERAL[1]

1. Conceitos

I. *Ineficácia em sentido amplo*. Um ato é ineficaz sempre que não produza os efeitos (ou a totalidade dos efeitos) que em abstrato seria apto para produzir. Ineficácia não equivale necessariamente à falta total de efeitos.

No seu sentido mais amplo, a ineficácia de um ato jurídico verifica-se sempre que os efeitos próprios do ato não se verifiquem no todo ou em parte, que não se verifiquem logo ou que já não se verifiquem. A ineficácia é compatível com a produção de outros efeitos derivados do próprio ato ou até da ineficácia do ato.

Por exemplo, um contrato de compra e venda anulado por erro é ineficaz na medida em que não gera as obrigações de entregar e de pagar que são típicas do contrato de compra e venda. Mas pode ter como efeito a restituição do que tiver sido prestado e a responsabilidade civil pré-contratual da contraparte do errante. Um ato com condição suspensiva não engendra, ou não engendra logo, os efeitos que pode afinal gerar, mas cria imediatamente expetativas tuteladas[2].

Em sentido amplo – não produção de efeitos – a ineficácia inclui a invalidade (nulidade ou anulabilidade), a inexistência e a ineficácia em sentido estrito.

II. A *ineficácia em sentido restrito* verifica-se se um ato existente e válido não produzir imediatamente (ineficácia originária) ou deixar de produzir (ineficácia subsequente) a totalidade ou parte dos seus efeitos[3].

[1] Este parágrafo sobre a ineficácia em geral reproduz em parte os nºs 1, 3 e 4 do meu livro *Contratos V. Invalidade*, Coimbra, 2017 (adiante citado como "vol. V"), inicialmente pensado para tratar de todas as modalidades de ineficácia (cfr. o prefácio da 1ª edição). Numa futura edição daquele volume, que se ocupará apenas da inexistência e da invalidade, a parte introdutória será adaptada de modo a limitar repetições com este volume VI.

[2] Cfr. nº 17-VIII do meu livro *Contratos IV. Funções. Circunstâncias. Interpretação*, 2ª ed., Coimbra, 2018 (adiante citado como "vol. IV").

[3] Esta oposição corresponde aproximadamente à distinção alemã entre ineficácia fraca (*schwebende Unwirksamkeit*) e eficácia fraca (*schwebende Wirksamkeit*); cfr. WOLF & NEUNER, *Allgemeiner Teil des*

A dicotomia invalidade/ineficácia (*stricto sensu*) é aceite de modo quase unânime pela doutrina portuguesa[4]. Em textos legais, a alternativa é expressa, por exemplo, nos artigos 19º, nº 1, 36º, nº 1, 65º, nº 2 (todos sobre normas de conflitos), e 1717º do Código Civil. Outros preceitos legais são sugestivos da referência à ineficácia em sentido restrito (por exemplo, ineficácia da declaração negocial, artigo 224º, nº 3, e 226º, nº 2; ineficácia da proposta, artigo 231º, nº 2; ineficácia da convenção antenupcial por caducidade, artigo 1705º, nº 1).

O critério distintivo subjacente, pelo menos tendencial, consiste em que, na invalidade, a ineficácia deriva de desvalor jurídico (ou vício) reportado a um elemento ou requisito intrínseco à estrutura ou à formação do ato, enquanto a ineficácia em sentido estrito resulta de um fator extrínseco ao ato e, por isso, não valorativo deste[5].

A ineficácia *stricto sensu* não é uma sanção nem um efeito sancionatório; é apenas a consequência de conformidade com a autonomia privada ou de desconformidade não valorativa do ato em si com certas regras legais.

A ineficácia *stricto sensu* é autónoma, quando decorre da autonomia privada (por exemplo, de termo, de condição, de cláusula resolutiva). É heterónoma, quando a eficácia de ato válido depende (ou a ineficácia resulta) apenas da lei ou de ato jurídico previsto na lei (por exemplo, ilegitimidade, falta de autorização de quem não é titular, revogação no âmbito do direito de arrependimento).

Atendendo à sua diversidade e heterogeneidade, não se vislumbra para a ineficácia em sentido estrito um regime legal comum. A omissão legal é intencional, como resulta do anteprojeto do Código Civil, no qual se decidiu não regular, em geral, a simples ineficácia ou ineficácia *stricto sensu*, remetendo-se a sua regulação parcelar para cada uma das várias formas que pode revestir[6]. Por isso, o regime

Bürgerlichen Rechts, 10ª ed., München, 2012, p. 666 ss.

[4] Por todos, A. MENEZES CORDEIRO, *Da ineficácia civil. Reflexões críticas*, Estudos em Honra do Professor Doutor José de Oliveira Ascensão, Coimbra, 2008, I, p. 233 ss (p. 241 s = ID., *Tratado de Direito Civil*, II, *Parte Geral. Negócio jurídico*, 4ª ed., Coimbra, 2014, p. 918 s). A exceção é RUI DE ALARCÃO, *Sobre a invalidade do negócio jurídico*, Estudos em Homenagem ao Prof. Doutor J. J. Teixeira Ribeiro, III, Iuridica, Coimbra, 1983, p. 609 ss, para quem a invalidade só é útil como expediente expositivo e sistemático, mas não se impõe enquanto categoria dogmática e científica fundada num critério distintivo da ineficácia estrita (p. 624 ss). Para L. DÍEZ-PICAZO, *Fundamentos de derecho civil patrimonial*, I, *Introducción. Teoría del contrato*, 6ª ed., Cizur Menor, 2007, p. 563 s, a distinção entre invalidade e ineficácia não parece útil. Espero que o texto seguinte seja demonstrativo da utilidade e do rigor da distinção.

[5] Era este o critério de E. BETTI, *Teoria generale del negozio giuridico*, Torino, 1950, reimp. Napoli, 1994, p. 456 s, e é o critério dominante na doutrina portuguesa; ver, entre outros, I. GALVÃO TELLES, *Manual dos contratos em geral*, 2ª ed., Lisboa, 1962, p. 378 s; C. MOTA PINTO, *Teoria geral do direito civil*, 4ª ed. por A. Pinto Monteiro e P. Mota Pinto, Coimbra, 2005, p. 615; L. CARVALHO FERNANDES, *Teoria Geral do Direito Civil*, 5ª ed., vol. II, Lisboa, 2010, p. 542.

[6] RUI DE ALARCÃO, *Invalidade dos negócios jurídicos*, Boletim do Ministério da Justiça, nº 89, 1959, p. 199 ss, p. 202.

tem de ser construído com base em fragmentos de fontes variadas e dispersas, com relevo, ainda assim, para o Código Civil.

2. Objeto do estudo

I. *Ineficácia no direito público e no direito privado.* A ineficácia é uma questão da teoria do direito e, portanto, comum a todos os ramos de direito.

No direito internacional público, em matéria de tratados internacionais, a ineficácia inicial dos tratados internacionais verifica-se no período compreendido entre a adoção do texto (artigo 9º) e a sua entrada em vigor (artigo 24º), assim como em caso de ratificação ou adesão insuficientes; as reservas (artigos 19º a 23º) determinam ineficácia parcial[7].

No direito constitucional, regista-se ineficácia *stricto sensu* de leis, designadamente por falta de publicação[8], por a lei ser temporária ou ficar suspensa por efeito de tratado internacional que trate da mesma matéria[9].

O Código do Procedimento Administrativo regula alguns aspetos da ineficácia dos regulamentos (artigos 145º e 146º, sobre caducidade e revogação) e da ineficácia dos atos administrativos (artigo 165º e seguintes, sobre revogação; artigo 149º, sobre condição e termo; artigo 157º, sobre eficácia diferida ou condicionada; artigos 139º e 158º, nº 2, sobre a publicação e sua falta; artigo 160º, sobre oponibilidade a partir da notificação). A (in)eficácia dos contratos públicos é regulada pelo respetivo Código no artigo 287º[10].

O Código de Processo Civil, no artigo 978º, nº 1, faz, em regra, depender de revisão e confirmação por tribunal português a eficácia de decisão sobre direitos privados, proferida por tribunal estrangeiro.

No direito privado são múltiplas as referências a ineficácia, explícitas ou implícitas, algumas das quais, pelo contexto, se devem entender como referências à ineficácia em sentido restrito. O texto que se segue apresenta, sem esgotar, muitos e diferenciados exemplos em qualquer dos ramos de direito privado (civil, comercial, da propriedade intelectual, do trabalho e do consumo).

II. *Âmbito e sequência da obra.* Algumas destas menções à ineficácia[11], tanto no direito privado como no direito público, envolvem diretamente contratos

[7] Os artigos citados pertencem à Convenção de Viena de 1969 sobre o Direito dos Tratados, em vigor desde 1980 (em Portugal desde 2003).

[8] J. J. GOMES CANOTILHO, *Direito constitucional e teoria da Constituição*, 7ª ed., Coimbra, 2003, p. 842.

[9] M. GALVÃO TELES, *Eficácia dos tratados na ordem interna portuguesa (condições, termos e limites)*, Lisboa, 1967, p. 98 ss; M. HELENA BRITO, *A representação nos contratos internacionais*, Coimbra, 1999, p. 438 ss.

[10] J. PACHECO DE AMORIM, *A invalidade e a (in)eficácia do contrato administrativo no Código dos Contratos Públicos*, Estudos de Contratação Pública (org. Pedro Gonçalves), Coimbra, I, 2008, p. 627 ss.

[11] Doravante, usa-se geralmente a palavra "ineficácia" para significar "ineficácia em sentido restrito", salvo se sentido diferente resultar do contexto.

ou efeitos dos contratos. Outras reportam-se a situações jurídicas de fonte não contratual ou diversificada.

A escrita de uma monografia sobre a ineficácia jurídica em sentido estrito é tarefa difícil e até ousada pela escassez de antecedentes. Por isso, se contém no âmbito nuclear da ineficácia dos contratos de direito privado. Outras indicações são ocasionais.

Depois deste parágrafo introdutório, este livro divide-se em mais quatro partes: os §§ 2º, 3º e 4º contêm o elenco – crítico – dos factos e das situações geradoras de ineficácia *stricto sensu*. A cada destes §§ corresponde uma grande categoria de fundamentos: a ilegitimidade (§ 2º); a suspensão e a cessação do contrato (§ 3º); outros fatores de ineficácia jurídica, entre os quais avulta a omissão de um elemento complementar necessário para a eficácia do contrato em plenitude (§ 4º).

A obra conclui com o estudo da invocabilidade da ineficácia e outros aspetos do seu regime (§ 5º), ensaiando um primeiro esboço para o que poderá vir a ser uma teoria geral da ineficácia em sentido restrito.

§ 2º ILEGITIMIDADE

3. Generalidades

I. *Conceitos.* A legitimidade, como requisito material[12] dos atos jurídicos, consiste no poder de uma pessoa para produzir efeitos jurídicos em relação ao conteúdo de uma determinada situação jurídica. A legitimidade é um poder de atuação eficaz em relação a um conteúdo concreto[13]. A ilegitimidade verifica-se se faltar esse poder. Ilegitimidade é portanto a falta de poder de uma pessoa para produzir efeitos jurídicos em relação ao conteúdo de uma determinada situação jurídica.

Prefere-se a referência ao conteúdo[14] e não ao objeto[15], porque a ilegitimidade não se circunscreve à incompatibilidade de pessoas com o objeto em sentido estrito (por exemplo, é mais amplo na representação sem poderes e nas incompatibilidades pessoais; ver nºs 4 e 9 *infra*). Não se menciona o interesse, porque

[12] Usa-se a palavra "material" para distinguir da legitimidade processual (Código de Processo Civil, artigos 30º e seguintes) e da legitimidade para invocar a invalidade ou a ineficácia de atos jurídicos (sobre esta, vol. V, nº 32, e *infra* nº 25-I).

[13] Segundo I. MAGALHÃES COLLAÇO, *Da legitimidade no acto jurídico*, Boletim do Ministério da Justiça, nº 10, 1949, p. 20 ss (p. 25), legitimidade é a posição relativa do sujeito e do objeto do ato que se requer para que o agente possa imprimir a certo negócio jurídico um determinado conteúdo. Para T. AZEVEDO RAMALHO, *Da legitimidade para a produção de efeitos jurídico-negociais*, Porto, 2017 (policop.), legitimidade é "a relação de correspondência entre o sentido jurídico negocial resultante da declaração negocial («vontade») e o poder do declarante de produzir efeitos jurídico-negociais" (p. 33). Nas conclusões, adianta: "Por legitimidade para a produção de efeitos jurídico-negociais compreende-se o estudo das condições fundamentais de possibilidade de a pessoa produzir efeitos jurídicos segundo o seu arbítrio" (p. 375). Mas os conceitos deste A. sofrem de amplitude excessiva, porque compreendem afinal todos os requisitos de validade e de eficácia dos negócios jurídicos.

[14] Assim também, I. GALVÃO TELLES, *Manual dos contratos em geral*, 4ª ed., Coimbra, 2002 (reimp. 2010), p. 399; C. MOTA PINTO, *Teoria geral do direito civil*, cit., p. 260.

[15] Como é tradicional. Ver, entre as construções mais antigas e influentes, E. BETTI, *Teoria generale del negozio giuridico*, cit., p. 21, onde qualifica a legitimação como pressuposto subjetivo-objetivo que depende de uma particular relação do sujeito com o objeto do negócio.

este, sendo decisivo para a legitimidade processual (Código de Processo Civil, artigo 30º) e para a invocação de nulidades (artigo 286º), e também relevante para a legitimidade no contrato de seguro (nº 9-III), não é bastante para, em geral, sustentar ou limitar a afetação eficaz de situações jurídicas. A "interação do sistema com o sujeito"[16] parece-me não distintivo em relação a outros requisitos de eficácia.

A legitimidade e a ilegitimidade distinguem-se da capacidade e da incapacidade, porque estas se reportam a um conjunto genérico de situações jurídicas de que se pode ser titular ou de atos que o próprio pode praticar validamente, enquanto a questão de legitimidade ou de ilegitimidade pressupõe a capacidade de gozo e de exercício (ou o correto suprimento da falta desta) e se reporta a atos concretos pelos quais o titular pode ou não obter efeitos em função da relação que tem com o conteúdo de uma situação jurídica.

O princípio geral é que o poder de disposição de situações jurídicas ativas e o poder de assumir situações jurídicas passivas cabe ao respetivo titular[17]. Em consequência, as pessoas dispõem, em princípio, de legitimidade para, por si só, afetarem situações jurídicas próprias e não dispõem, em princípio, de legitimidade para, por si só, afetarem situações jurídicas alheias, por criação, extinção ou modificação destas. As principais vias para a criação de legitimidade em relação a situações jurídicas alheias são o contrato, a representação e o consentimento da pessoa afetada.

Exemplos: P_1 tem capacidade de gozo e de exercício para vender uma certa categoria de bens, mas não tem legitimidade para vender bens de que P_2 é proprietário, salvo se este lhe conferir os correspondentes poderes representativos; P_1 também não tem legitimidade para obrigar P_2 a pagar por um bem de que P_1 é proprietário, salvo se entre eles se celebrar um contrato de compra e venda daquele bem.

Estes exemplos são apenas uma parcela dos casos possíveis. Para solução de todos eles, em que se compreendem os poderes de dispor, de adquirir, de criar, de extinguir e de modificar relações obrigacionais e outras situações jurídicas[18], não basta a mera enunciação do princípio geral referido. É necessário recorrer a regimes diversificados e por vezes complexos, como a seguir se verá em pormenor.

[16] A. MENEZES CORDEIRO, *Tratado de Direito Civil*, XI, *Contratos em especial* (1ª parte), Coimbra, 2018, p. 202.

[17] Ver porém exceções no nº 10 *infra*.

[18] MAGALHÃES COLLAÇO, ob. cit., p. 46 ss, 102 ss, e GALVÃO TELLES, ob. cit., p. 401 s, referem-se à legitimidade para atos dispositivos, aquisitivos, liberativos e vinculativos; AZEVEDO RAMALHO, ob. cit., considera a produção de efeitos jurídicos obrigacionais, aquisitivos (p. 161 ss), dispositivos (p. 211 ss) e para afetar a esfera jurídica alheia (p. 293 ss).

II. *Razão de ordem*. Os fundamentos de ilegitimidade são heterogéneos.

Neste texto, analisam-se, primeiro, as ilegitimidades impeditivas de atribuição de poderes para a criação ou a extinção de efeitos para outrem. Neste grupo, consideram-se sucessivamente a falta e o abuso de poderes de representação, a alienação e a oneração de bens alheios, a criação de obrigações e de direitos para outrem, a extinção de obrigações e de direitos de outrem.

A seguir, estudam-se as ilegitimidades impeditivas da criação de efeitos para o próprio, como são a falta de consentimento do titular, a insolvência e as incompatibilidades pessoais.

Esta distinção deve ser porém relativizada, porquanto são frequentes as situações em que os efeitos para outrem e para o próprio são simétricos e em que os efeitos para o agente se refletem em direitos ou interesses de outrem.

4. Falta e abuso de poderes representação[19]

I. *Em geral e na representação negocial*. A representação abrange uma larga gama de poderes relacionados com a quase totalidade do elenco de direitos e deveres e de outras situações jurídicas ativas e passivas. É por isso modelar para a solução de outros casos de ilegitimidade com regimes incompletos.

O contrato que alguém celebre sem poderes de representação é *ineficaz* em relação ao pretenso representado (artigos 268º, nº 1).

Esta regra é delimitada pela boa fé (subjetiva) da contraparte no caso de ter existido procuração que está extinta ou limitada ao tempo da celebração do contrato. A boa fé consiste no desconhecimento efetivo, se a falta de poderes deriva de revogação ou de modificação da procuração (artigo 266º, nº 1), e no desconhecimento sem culpa, se a falta de poderes tem outra causa (caducidade e renúncia do procurador; nº 2 do mesmo artigo). Se o pretenso representante nunca teve poderes de representação, a ineficácia não depende da boa fé do outro contraente.

O abuso é equiparado à falta de poderes, se a outra parte o conhecia ou devia conhecer (artigo 269º).

O contrato que, por falta ou abuso de poderes, seja ineficaz para o alegado representado, é também ineficaz na relação entre o pretenso representante e a contraparte[20], porque, não contendo as declarações que estes emitem qual-

[19] Sobre este ponto, cfr. o meu livro *Contratos I. Conceito. Fontes. Formação*, 6ª ed., Coimbra, 2017 (adiante citado "vol. I"), nºs 53-D e E, e vol. V, nº 6-V, que aqui se reproduzem nos aspetos diretamente relevantes para a ilegitimidade e consequente ineficácia.

[20] C. MOTA PINTO, *Teoria geral do direito civil*, cit., p. 549; J. OLIVEIRA ASCENSÃO, *Direito Civil. Teoria Geral*, vol. II, *Acções e factos jurídicos*, 2ª ed., Coimbra, 2003, p. 289; RUI PINTO, *Falta e abuso de representação voluntária*, Lisboa, 1994, p. 69 ss; M. HELENA BRITO, *A representação nos contratos internacionais*, cit., p. 172, com indicação do regime noutros direitos dos efeitos entre o representante e a contraparte

quer referência a que o pretenso representante seja contraente, falta entre eles qualquer acordo contratual. Ressalva-se o regime em título de crédito (letras, livranças e cheques), em que o representante sem poderes fica obrigado[21], e, em qualquer caso, a eventual responsabilidade pré-contratual de quem se arroga como representante.

A ineficácia como efeito da falta e do abuso de poderes de representação não só é indicada literalmente na lei como (quase) não merece contestação no direito português vigente. As teses da invalidade sustentadas no passado ficaram praticamente enterradas com a cessação de vigência do Código de Seabra[22]. A contraposição destas opiniões, conhecidas ao tempo da elaboração do novo Código, é um argumento a favor de que se trata de ineficácia em sentido estrito, como sucede geralmente quando o Código vigente usa as palavras ineficaz ou ineficácia. Mas o argumento de fundo é outro: o regime da ineficácia *stricto sensu* é, enquanto eficácia pendente, o mais apropriado para proteger o eventual interesse do representado em manter o contrato, usando o direito potestativo de o ratificar[23]. A ineficácia, não a nulidade, também é conveniente para a contraparte.

Registo porém uma opinião atual no sentido de que o negócio celebrado sem poderes de representação seria nulo por falta de legitimidade[24]. Espero vir a demonstrar neste texto que o efeito normal da ilegitimidade é a ineficácia, não é a nulidade (ver conclusão nº 11-IV *infra*).

Menos pacífico é saber se a ineficácia por falta ou abuso de poderes configura uma situação de ilegitimidade. Na vigência do atual Código Civil português, há duas posições antitéticas: uma opinião, maioritária, sustenta que o poder de representação legitima o representante[25] ou que a representação é um caso de legitimidade indireta[26], pelo que a falta e o abuso de poderes originam ile-

da representação sem poderes (p. 167 ss, sobre direitos romano-germânicos, p. 254 ss, sobre direitos de *common law*). No direito francês, vigoram atualmente os artigos 1156 e 1157 do Código Civil com a redação de 2016.

21 Lei Uniforme relativa às Letras e Livranças, artigo 8º; Lei Uniforme sobre Cheques, artigo 11º; sobre este regime, ver, com desenvolvimento, M. HELENA BRITO, ob. cit., p. 174 ss.

22 Sobre o debate entre os defensores da invalidade e da ineficácia, no direito português e noutros, RUI PINTO, ob. cit., p. 88 ss, M. HELENA BRITO, ob. cit., p. 183 ss, nota 272. Além de outros citados nesta segunda obra, o acórdão do STJ de 09.03.2004 é claro: "A consequência da representação sem poderes é a de ineficácia em relação à pessoa em nome de quem o negócio é celebrado, a menos que por ela seja ratificado, e não a de nulidade".

23 OLIVEIRA ASCENSÃO, *Acções e factos jurídicos*, cit., p. 289.

24 MENEZES CORDEIRO, *Tratado de Direito Civil Português. I. Parte Geral*, tomo IV, Coimbra, 2005, p. 109 (mas o A. reconhece a ineficácia na p. 111).

25 M. HELENA BRITO, ob. cit., p. 104; ver na nota 61 da p. 103 um elenco de obras alemãs e portuguesas com a mesma orientação.

26 GALVÃO TELLES, ob. cit., p. 403.

gitimidade[27]. A outra opinião contraria a ideia de que a representação confere legitimidade, argumentando que juridicamente o autor do ato é o representado, não o representante[28].

Este argumento sofre de inversão lógica, porque apresenta como causa o que é um efeito. Nos contratos representativos, o representante é o declarante, o representado é o contraente sobre quem se refletem os efeitos da declaração. Por quê? Porque o representante, que não teria poder para desencadear os efeitos, é legitimado pela procuração (ou pela lei ou pelos estatutos) para a agir com eficácia para o representado. Para a alienação ou a aquisição de bens determinados ou para a mutação de uma qualquer situação jurídica concreta, a legitimidade pertenceria, em princípio, ao titular do direito alienado ou do direito adquirido ou da mutação dessa situação jurídica. O instituto da representação permite que seja outra pessoa (o representante) a atuar esses efeitos, porque atribui legitimidade ao representante.

Se esses poderes não existirem numa situação concreta, o ato do pretenso representante não consegue esse efeito, por falta de legitimidade, salvo os casos especiais de aparência de poderes de representação (vol. I, nº 53-D-IV e V).

II. *Na representação legal e estatutária.* A falta de poderes, e a consequente ilegitimidade, pode derivar de atuação do representante legal que exorbite dos poderes legais ou de caducidade do seu estatuto. Mas as consequências não coincidem com a falta de poderes atribuídos por procuração.

São *anuláveis* os atos praticados pelos representantes legais sem autorização do tribunal, quando exigida (artigos 1893º e 1940º, aplicáveis ao poder parental e à tutela, respetivamente). A *nulidade* é a sanção para a aquisição de bens do pupilo, assim como para outros atos proibidos ao tutor (artigo 1939º).

Por aplicação extensiva ou analógica do artigo 268º, devem ser considerados *ineficazes*, mas suscetíveis de ratificação pelo representado, os atos praticados pelos pais e pelo tutor relativos a bens excluídos da sua administração (artigos 1888º e 1935º) e os atos praticados por quem já não dispõe de poderes de representação (porque, por hipótese, o representado passou a ser plenamente capaz de exercício).

Na representação estatutária, a falta de poderes verifica-se nas seguintes situações: atuação por quem não tem, ou já não tem, a qualidade de titular de um órgão de administração; inobservância das regras estatutárias ou legais da representação plural; atuação exorbitante dos poderes conferidos por lei ou que

[27] C. MOTA PINTO, ob. cit., p. 261; RUI PINTO, ob. cit., p. 90. Cfr. também MENEZES CORDEIRO, loc. cit.

[28] OLIVEIRA ASCENSÃO, ob. cit., p. 110; PEDRO ALBUQUERQUE, *A representação voluntária no direito civil português*, Coimbra, 2004, p. 1196.

exceda o objeto social, se este excesso for conhecido ou cognoscível pela outra parte (cfr. Código das Sociedades Comerciais, artigos 260º, 261º, 408º e 409º).

Por aplicação analógica[29] ou extensiva do artigo 268º, nº 1, porque não há preceitos legais específicos, a consequência jurídica primária será a *ineficácia* do ato em relação à pessoa pretensamente representada, sem prejuízo da responsabilidade civil que possa recair sobre o pretenso representante.

O artigo 269º, sobre abuso de representação, é suscetível de aplicação tanto à representação legal como à representação estatutária[30].

5. Alienação e oneração de bem alheio[31]

I. A venda de bem alheio é o caso de ilegitimidade, emblemático e de qualificação indiscutida[32]. Mas são muito diferenciadas as soluções da lei portuguesa quanto aos efeitos.

Se a *compra e venda* for *comercial* (isto é, *grosso modo*, se for compra para revenda, venda de coisa que se comprou para revender, venda de participações sociais ou se uma das partes for comerciante, agindo no âmbito da sua atividade; artigo 463º, nºs 1º, 3º e 5º, e artigo 2º, 2ª parte, do Código Comercial[33]), o contrato é válido, porque, "em comércio"[34], é permitida "a venda de cousa que for propriedade de outrem", ficando o vendedor "obrigado a adquirir por título legitimo a propriedade da cousa vendida e a fazer a entrega ao comprador, sob pena de responder por perdas e danos" (artigo 467º do mesmo Código).

Para a validade da venda comercial de bem alheio, em contraste com a nulidade em direito civil[35], encontrou a doutrina algumas explicações: "o fim do comércio é pôr a mercadoria em circulação"; "quem vende mercadorias pertencentes a outro

[29] Como recomendam, para as associações e fundações, C. MOTA PINTO, ob. cit., p. 549, n. 758, e P. PAIS DE VASCONCELOS, *Teoria geral do direito civil*, 8ª ed., Coimbra, 2015, p. 300.

[30] Cfr. bibliografia citada no vol. I, nº 53-E-II.

[31] Neste nº 5, os pontos I a IV foram antes incluídos em artigo em homenagem ao Professor Doutor Joaquim de Sousa Ribeiro.

[32] Como sugere o artigo 892º com a referência, na sua previsão, ao vendedor que "careça de legitimidade".

[33] Um acórdão do STJ de 09.10.2008, relativo a um caso de venda de coisa alheia, decidiu, a meu ver sem razão, não ser comercial um contrato de compra e venda, porque, tendo em conta apenas a primeira destas hipóteses (a do artigo 463º, nº 1), ignorou a segunda e a quarta dessas hipóteses.

[34] L. CUNHA GONÇALVES, *Da compra e venda no direito comercial português*, 2ª ed., Coimbra, 1925, p. 234, interpretou esta expressão de modo a compreender apenas as vendas "praticadas por comerciantes". Parece-me antes que "em comércio" equivale, no contexto, a compras e vendas comerciais, mesmo que sejam atos de comércio isolados, por exemplo, a venda de títulos de crédito. Não vejo qual a razão para atribuir o regime civil a vendas que são comerciais segundo o artigo 463º do Código Comercial.

[35] O artigo 1555º do Código Civil de 1867, vigente ao tempo da aprovação do Código Comercial de 1888 era do seguinte teor: "Ninguém pode vender senão o que for propriedade sua, ou a que tenha direito; se vender coisa que pertença a outrem será o contrato nulo [...]. § único. O contrato será, contudo, revalidado [...], se o [...] vendedor adquirir por qualquer título legítimo a propriedade da coisa vendida".

negociante deve presumir-se que as comprou[36] a este para vender"; a exigência de prova da propriedade seria obstáculo às necessidades do comércio e ao próprio interesse público[37].

Não é só nos contratos diferenciais que, como se escreveu há mais de um século, "cada um vende o que não tem e compra aquilo que não pode pagar"[38]. Generalizada, a segunda parte desta frase refere-se à obtenção de crédito; a primeira parte aponta para a venda de bens alheios. Um e outro são comuns no comércio, ainda que, além de vantagens, comportem riscos para os próprios e para outros.

Para que a permissão de venda comercial de coisa alheia se aplique é indiferente que o vendedor saiba ou não quem é o proprietário. Não há razão para distinguir, a este respeito, entre a venda de coisas infungíveis e de coisas fungíveis que, em comércio, é até a mais frequente. A expressão "cousa que for propriedade de outrem" é equivalente, para o efeito, a coisa de que o vendedor não seja proprietário, mesmo que, ao tempo da venda, não se saiba quem é. Na venda de coisa fungível alheia, não há sequer um proprietário determinado, mas a razão de ser dos regimes, civil ou comercial, é a mesma[39].

A validade compreende, por força do artigo 99º deste Código, os atos de comércio mistos, ou seja, as vendas ou compras de coisa alheia por comerciante a pessoa que o não seja (agricultor, profissional liberal, consumidor). A extensão das regras do artigo 467º à compra ou à venda por, ou a, consumidores não é afastada, porque não há, neste aspeto, regras legais de proteção destes, como há noutros aspetos do regime da compra para consumo, v. g. a qualidade da coisa vendida e a formação do contrato à distância. Para os consumidores, é preferível a validade com obrigação de entrega do que a nulidade do contrato.

Embora a lei não o diga expressamente, a validade da compra e venda comercial não evita a ineficácia da transmissão da propriedade, por ilegitimidade[40].

II. Para a *venda de valores mobiliários* há preceitos específicos, que legitimam, embora com restrições, a venda de bens alheios, que são frequentemente bens infungíveis de titular indeterminado.

[36] Melhor seria dizer "que as há de comprar".

[37] CUNHA GONÇALVES, ob. cit., p. 227, citando autores franceses defensores da validade da venda comercial de coisa alheia, apesar da falta de sustentação legal no seu direito.

[38] RUY ULRICH, *Da bolsa e suas operações*, Coimbra, 1906, p. 477.

[39] CUNHA GONÇALVES, ob. cit., p. 230, a coisa não é alheia se for genérica (escreve "indeterminada"), "porque o *genus* é de todos e de ninguém". Parece-me antes que, por exemplo, há venda de coisa alheia por parte de quem vende quantidades de trigo ou de títulos de crédito de que não é titular ao tempo do contrato.

[40] Para CUNHA GONÇALVES, ob. cit., p. 227, o contrato, para o proprietário, seria "inexistente, visto ser *res intra alios acta*". Note-se que, ao tempo, não estava ainda bem recortada a figura da ineficácia.

Para agilizar as transações, dispõe o artigo 80º, nº 2, do Código dos Valores Mobiliários, que "a compra em mercado regulamentado de valores mobiliários escriturais confere ao comprador, independentemente do registo e a partir da realização da operação, legitimidade para a sua venda nesse mercado". Como a propriedade de valores mobiliários escriturais se transmite pelo registo na conta do adquirente (nº 1 do mesmo artigo) e se legitima por esse registo (artigos 55º e 58º do mesmo Código), a venda por quem não é titular segundo o registo é venda de coisa alheia, mas nem por isso é inválida, porque o comprador tem legitimidade para a efetuar (embora a propriedade só se transmita com o registo).

Este regime está aliás em consonância como o que resulta do Código Comercial: como a venda de títulos de crédito é comercial (artigo 463º, nºs 2º e 5º), a venda de títulos de crédito de outrem é válida, por força do citado artigo 467º.

Todavia para alguns casos da chamada venda a descoberto (*short selling* ou venda em posição curta) de valores mobiliários[41], que é venda de coisa alheia fungível, há regras restritivas especiais, que têm evoluído ao longo do tempo[42]. Embora possam ter também funções virtuosas (cobertura de risco e criação de mercado), essas regras sobre a venda a descoberto têm em conta os riscos de perturbação do mercado e de manipulação deste, com redução das cotações, por via de aumento artificial da oferta.

Para a venda a descoberto de ações e de dívida soberana, vigora, desde de 2012, um Regulamento da União Europeia que define este tipo de operações como a venda de ações ou de instrumentos de dívida de que o vendedor não seja titular no momento em que celebra o contrato de venda[43]. Os artigos 12º e 13º deste Regulamento só permitem a venda a descoberto quando o vendedor tenha celebrado algum contrato de empréstimo ou outro acordo de que resulte a expectativa razoável de que o cumprimento da obrigação de entrega possa ser efetuado no momento devido. Isto é, permite o *covered short selling* e proíbe o *naked short selling* de ações e de instrumentos de dívida dos Estados.

Esta restrição só se aplica porém em mercados à vista (ou a contado ou *spot markets*), em que o prazo de liquidação é muito curto, geralmente até dois dias úteis após a transação. Esta asserção resulta de o citado Regulamento excluir

[41] P. COSTA E SILVA, *As operações de venda a descoberto de valores mobiliários*, Coimbra, 2009; MANUEL MONTEIRO, *Regime europeu do short selling*, Cadernos do Mercado de Valores Mobiliários, 51, 2015, II, p. 29 ss; PAULO CÂMARA, *Manual de Direito dos Valores Mobiliários*, 3ª ed., Coimbra, 2016, p. 506 ss.

[42] Em Portugal, o Código do Mercado de Valores Mobiliários, de 1991, que foi revogado pelo vigente Código dos Valores Mobiliários, de 1999, não admitia, em operações a contado, a venda a descoberto de valores mobiliários, por força das disposições conjugadas sobre legitimidade (artigo 410º, nºs 2 e 3) sobre imposição de bloqueio (artigos 68º, nº 2, e 93º).

[43] Definição do artigo 2º, nº 1, alínea b), do Regulamento nº 236/2012 do Parlamento Europeu e do Conselho, de 14 de março, relativo às vendas a descoberto e a certos aspetos dos swaps de risco de incumprimento.

da sua aplicação as vendas efetuadas no âmbito de acordos de recompra (por exemplo, contratos de reporte), de contratos de futuros e de derivados com preço determinado em data futura (por exemplo, *swaps*)[44]. Note-se que algumas destas exclusões são meras explicitações enfáticas, porque abrangem contratos diferenciais[45], que não são contratos de compra e venda.

Independentemente da proibição ou da permissão de operações de *short selling*, o mesmo Regulamento, nos artigos 5º a 7º e 9º, prescreve regras de transparência[46]. As situações de posição curta relativa a ações ou a títulos de dívida soberana, em valores superiores a certos patamares, devem ser comunicadas à autoridade de supervisão e divulgadas publicamente.

A inobservância das prescrições do Regulamento provoca, segundo o seu artigo 41º, a aplicação das "sanções e medidas administrativas" estabelecidas pelos Estados-Membros. Para o efeito do artigo 294º do Código Civil, um regulamento comunitário deve ser equiparado a lei. Aquelas sanções administrativas precludem a nulidade, porque a norma prescreve "outra solução" (vol. V, nº 30-I e II). Em consequência, os contratos de venda a descoberto proibidos pelo mesmo Regulamento são válidos, mas, claro, ineficazes em relação ao titular determinável.

No direito português, continua em vigor o regime da venda a descoberto de valores mobiliários a que o Regulamento europeu não se aplica, por exemplo, venda de obrigações que não sejam representativas de dívida soberana. Neste caso, o intermediário financeiro a quem seja dirigida uma ordem de venda de quaisquer valores mobiliários, depois de "verificar a legitimidade do ordenador", pode recusá-la se for a descoberto (Código dos Valores Mobiliários, artigos 325º, alínea a) e 326º, nº 2, alíneas a) e b))[47]. Se o intermediário financeiro nada fizer, o

[44] Artigo 2º, nº 1, alínea b), do citado Regulamento e artigo 5º do Regulamento de execução (UE) nº 827/2012, da Comissão, de 29 de junho.

[45] Contrato diferencial é aquele em que é devida uma só prestação em dinheiro, igual à diferença entre o valor de referência inicial de um bem (real ou nocional), de um indicador de mercado ou da relação entre dois bens ou indicadores de mercado e o valor de mercado em data futura do mesmo bem, indicador de mercado ou relação de valores (cfr., com mais desenvolvimentos, o nº 26-III do meu livro *Contratos III. Contratos de liberalidade, de cooperação e de risco*, 2ª ed., Coimbra, 2013, adiante citado como vol. III). O citado artigo 5º do Regulamento de execução nº 827/20121, refere-se, nas alíneas a) e b), a "liquidação com entrega física" de futuros, *swaps* e opções para afastar estas operações do conceito de venda em posição curta.

[46] Conforme esclarecimento do Conselho Diretivo da CMVM, de 31 de outubro de 2012, a entrada em vigor do regime europeu teve como efeito a revogação do Regulamento da CMVM nº 4/2010, que impunha deveres de transparência em relação a posições curtas relevantes sobre ações, assim como da Instrução 2/2008, sobre restrições à de vendas curtas a descoberto no mercado português sobre ações de bancos.

[47] Segundo o parecer genérico da CMVM sobre vendas curtas, de 25 de setembro de 2008, "caso o ordenador não mostre ao intermediário financeiro, aquando da receção da ordem de venda curta, que dispõe dos instrumentos financeiros necessários para a liquidação, por empréstimo ou outro meio equi-

contrato, que é de venda comercial, é válido, mas não produz efeitos em relação ao titular, que não seja o ordenador.

A venda a descoberto é porém proibida na gestão de organismos de investimento coletivo[48].

III. O Código Civil comporta vários regimes para a venda de bens alheios[49]. A *compra e venda civil* é válida, se o vendedor declara que a coisa é futura (artigo 893º) ou alheia (artigo 904º)[50].

Se for coisa futura, o contrato é válido, mas "o direito [de propriedade] transfere-se [só] quando a coisa for adquirida pelo alienante" (artigo 408º, nº 2), ficando o vendedor "obrigado a exercer as diligências necessárias para que o comprador adquira os bens vendidos" (artigo 880º, nº 1).

Se a coisa for vendida como alheia em relação ao declarante, há três sub-hipóteses: ou o vendedor invoca poderes de representação que efetivamente tem, sendo o contrato válido e plenamente eficaz em relação ao representado-vendedor e ao comprador; ou o vendedor invoca poderes de representação que efetivamente não tem, sendo então o contrato válido mas ineficaz (cfr. *supra* nº 4); ou não invoca poderes de representação, sendo a coisa alheia havida como futura, porque a ela não tem direito o disponente ao tempo da celebração do contrato (artigo 211º). Na venda de coisa alheia, como tal reconhecida pelo vendedor que age em nome próprio, fica sempre salvaguardado, como mínimo, o direito ao reembolso do preço (artigo 903º, nº 2), se o vendedor não proceder à entrega.

Se o vendedor ocultar ao comprador que a coisa é alheia e o comprador conhecer esta circunstância ou se ambas as partes souberem que o bem é alheio, isto é, se ambas as partes estiverem de má fé (subjetiva) quanto ao conhecimento de que a coisa é alheia, tudo se passa como se a venda fosse válida, visto que o

valente, carece de legitimidade para a operação, pelo que a ordem deve ser recusada pelo intermediário financeiro". Este parecer é todavia, julgo, mais restritivo do que as prescrições legais.

[48] Artigos 91º, nº 1, alínea b), e 175º, nº 4, alínea c), do respetivo Regime Geral (aprovado pela Lei nº 16/2015, de 24 de fevereiro, com a redação dada pelo Decreto-Lei nº 56/2018, de 9 de julho), que reproduzem preceitos de diplomas antecedentes.

[49] Estudos monográficos sobre estes regimes, numa perspetiva tradicional e acrítica: RAÚL VENTURA, *O contrato de compra e venda no Código Civil. Venda de bens alheios – Venda com expedição*, Revista da Ordem dos Advogados, 1980, II, p. 305 ss; P. OLAVO CUNHA, *Venda de bens alheios*, Revista da Ordem dos Advogados, nº 47, 1987, p. 419 ss; DIOGO BÁRTOLO, *Venda de bens alheios*, Estudos em homenagem ao Professor Doutor Inocêncio Galvão Telles, vol. IV, Coimbra, 2003, p. 383 ss.

[50] Esta distinção entre coisa futura e coisa alheia não é perfeitamente coerente com o artigo 211º, segundo o qual "são coisas futuras as que não estão em poder do disponente, ou a que este não tem direito, ao tempo da declaração negocial". Logo, na lógica deste preceito, todas as coisas alheias são futuras.

comprador não pode invocar a nulidade (artigo 892º, *in fine*)[51] e a invocação pelo vendedor seria abusiva[52].

Se o vendedor ocultar ao comprador que a coisa é alheia[53] e o comprador ignorar esta circunstância, pode este optar por uma de duas atitudes[54]:

1ª pedir a declaração de nulidade (artigo 892º, 1ª parte), com restituição do preço pago, recaindo sobre o vendedor o risco de perecimento da coisa vendida (artigo 894º, nº 1) e as obrigações de indemnização (artigos 898º e 899º) e de pagamento de benfeitorias (artigo 901º);

2ª exigir o cumprimento do contrato, ficando o vendedor obrigado a adquirir a coisa vendida (artigo 897º, nº 1)[55]. Se a aquisição pelo vendedor se verificar, diz a lei que o contrato se torna válido e a propriedade se transfere para o comprador (artigo 895º). Caso contrário, o comprador tem direito a indemnização (artigo 900º) e pode ainda pedir a declaração de nulidade (artigo 897º, nº 2).

Se o vendedor estiver de boa fé e o comprador de má fé, só o vendedor pode invocar a nulidade (artigo 892º, *in fine*). Se ambos estiverem de boa fé, qualquer deles pode invocar a nulidade, mas nada impede que um e/ou outro optem pelo cumprimento do contrato.

[51] Segundo opinião quase unânime, que me parece correta, a expressão "comprador doloso" usada no artigo 892º *in fine* tem o sentido de comprador de má fé, isto é, conhecedor de que a coisa é alheia. Esta orientação baseia-se no texto do A. do anteprojeto do Código – I. GALVÃO TELLES, *Contratos civis (Projecto completo de um título do futuro Código Civil Português e respectiva Exposição de Motivos)*, Revista da Faculdade de Direito da Universidade de Lisboa, vol. IX-X, 1953-54 (separata), p. 20 – e na explicação sistemática e histórica de A. MENEZES CORDEIRO, *Da boa fé no direito civil*, Coimbra, 1985, p. 497 ss. Para uma apresentação desenvolvida das diferentes abordagens na doutrina, ver N. PINTO OLIVEIRA, *Contrato de compra e venda*, Coimbra, 2007, p. 148 ss.

[52] "O art. 892º só se aplica aos casos em que alguma das partes estiver na ignorância do carácter alheio da coisa" (acórdão do STJ de 18.06.2009). Não pode pois, em minha opinião, ser pedida a nulidade por qualquer das partes, como entendem RAÚL VENTURA, ob. cit., p. 312 s, e DIOGO BÁRTOLO, ob. cit., p. 401.

[53] MÓNICA JARDIM, *A venda de coisa alheia como própria*, Estudos em homenagem ao Prof. Doutor Manuel da Costa Andrade, Coimbra, 2017, vol. III, p. 197 ss, prossegue a linha tradicional, com detalhada apreciação crítica das opiniões de Yara Miranda e de Clara Sottomayor, adiante mencionadas na nota 69.

[54] Além de poder anular o contrato por erro, se se verificarem os requisitos respetivos; cfr. acórdão do STJ de 16.01.2014.

[55] Perante a anomalia de esta obrigação derivar de um contrato nulo, MENEZES CORDEIRO, *Contratos em especial* (1ª parte), cit., p. 218 s, opta por visualizar uma conversão legal de venda de bens alheios a um comprador de boa fé (cfr. artigo 880º, nº 1) em venda de bens futuros. A explicação é todavia outra, a meu ver (*infra* IV): nesta situação, o comprador aceita como válido um contrato de compra e venda duplamente obrigacional.

Em qualquer caso, pode o vendedor antecipar-se ao pedido de nulidade do contrato (cfr. artigo 896º, nº 1, alínea a), convalidando-o pela aquisição da propriedade, em conformidade com artigo 895º, que não distingue entre a exigência de cumprimento pelo comprador e a situação em que é o vendedor quem promove espontaneamente a aquisição da propriedade.

Em resumo, a nulidade só é oponível pelo contraente de boa fé contra o contraente de ma fé, mas o comprador de boa fé pode sempre optar pelo cumprimento do contrato e o vendedor pode sempre impedir a nulidade por via de convalidação pela aquisição da propriedade.

Em qualquer caso, a venda – válida, nula ou ineficaz – é ineficaz para o proprietário[56]. Mas se este tiver consentido na venda, por mandato sem representação ou outra via, será tendencialmente abusiva a invocação da ineficácia[57]. A ineficácia para o proprietário pode ser suprida por ratificação (*infra* nº 27-IV).

Este regime aplica-se, havendo analogia, a outros contratos onerosos de alienação de bens (artigo 939º).

O preceito sobre a doação de bens alheios é semelhante, mas pressupõe que só o doador é interessado na nulidade, não podendo opô-la ao donatário de boa fé (artigo 956º, nº 1). Na linha da desvalorização das liberalidades e de desresponsabilização do doador (vol. III, nº 1-I), é restrita a possibilidade de indemnização devida pelo doador de coisa alheia (nº 2 do mesmo artigo) e não é permitida a doação de bens futuros (artigo 942º, nº 1).

IV. *Apreciação crítica*. Este intrincado sistema de preceitos enquadra-se num contexto em que a lei portuguesa vigente lida mal com a distinção entre os efeitos obrigacionais e os efeitos reais da compra e venda. As construções dogmáticas tendem a sustentar o efeito transmissivo como decorrência *ipso jure* do contrato, sem terem em conta que pode também emergir como obrigação do vendedor. Enquanto as leis comerciais aceitam esta obrigação com naturalidade, admitindo que os efeitos imediatos da compra e venda sejam apenas obrigacionais[58], o

[56] PINTO OLIVEIRA, ob. cit., p. 155; A. SANTOS JUSTO, *Manual de contratos civis. Vertentes romana e portuguesa*, Lisboa, 2017, p. 52 s; MÓNICA JARDIM, ob. cit., p. 198, nota 6; acórdãos do STJ de 16.09.2008, 18.06.2009 e 12.01.2012.

[57] Sobre a controvérsia acerca da (i)legitimidade do mandatário sem representação com poderes para alienar conferidos pelo mandante, DIOGO BÁRTOLO, ob. cit., p. 424 ss, com referências bibliográficas. Não vejo como, na lógica (criticável) das normas legais civis sobre venda de bens alheios, possa o vendedor, que age em nome próprio, invocar legitimidade para a alienação do bem, se tiver ocultado ao comprador que a coisa lhe não pertence. A permissão, ou até a obrigação, de alienar, fundada na relação interna, não legitima, na relação externa, o alienante perante o adquirente de boa fé.

[58] Seguindo a tese de VERA EIRÓ, em *A transmissão de valores mobiliários – as acções em especial*, Themis, nº 11, 2005, p. 145 ss, o acórdão do STJ, de 15.05.2008 sumariou: "A compra e venda de ações não é um contrato real *quoad effectum* – é um contrato com efeitos imediatos meramente obrigacionais, como os

Código Civil pretende salvar a todo o transe, ainda que só na aparência, o princípio da transmissão da propriedade por efeito do contrato.

Está pois em causa, nos preceitos legais sobre venda de bens alheios, o contraste, ou a conciliação, da admissibilidade da compra e venda meramente obrigacional com a conceção predominante que a recusa, só admitindo qualificar como tal o contrato com efeitos mistos – reais, para a transmissão da propriedade, e obrigacionais, para a entrega da coisa e o pagamento do preço. Em consequência, o contrato de compra e venda teria sempre natureza real, não se admitindo no direito português a compra e venda com efeitos exclusivamente obrigacionais[59-60].

Segundo opinião unânime, a promessa de compra e venda de bem alheio é válida, independentemente da boa ou da má fé de qualquer das partes. É sintomática a justificação jurisprudencial para a validade: "a *ratio* [da] nulidade [da venda de coisa alheia] reside justamente no efeito real da compra e venda"; "pelo contrato-promessa, dotado de eficácia meramente obrigacional, não ocorre transferência da propriedade da coisa", o contrato-promessa não produz efeitos translativos[61].

Regressando às regras legais. Na compra e venda comercial, a venda de bens alheios é válida, mas ineficaz para transmitir a propriedade. Exatamente o mesmo sucede em mais três hipóteses de compra e venda civil: 1ª na venda de

contratos do mesmo tipo tendo por objeto títulos de crédito em papel, para cuja transmissão se exige a tradição, o endosso ou ato equivalente". Esta orientação foi confirmada pelo acórdão do mesmo tribunal de 03.07.2012, que sustenta a eficácia meramente obrigacional do contrato de compra e venda de ações, por força do artigo 101º do Código dos Valores Mobiliários. No mesmo sentido, o acórdão do STJ de 05.02.2019.

[59] RAÚL VENTURA, *Contrato de compra e venda no Código Civil. Efeitos essenciais: a transmissão da propriedade da coisa ou da titularidade do direito; a obrigação de entregar a coisa*, Revista da Ordem dos Advogados, 1983, III, p. 587 ss (p. 595): "um contrato que torne translativo da propriedade um ato dispositivo do vendedor não pode ser qualificado como compra e venda, porque [...] falta o efeito essencial da compra e venda". Com a mesma orientação, PEDRO DE ALBUQUERQUE, *Direito das Obrigações. Contratos em especial*, vol. I, tomo I, Coimbra, 2008, p. 99, que nem sequer admite o duplo efeito obrigacional da venda de valores mobiliários (p. 113). MÓNICA JARDIM, ob. cit., p. 204, 212, aceita que a venda, comercial ou civil, de coisa alheia crie para o vendedor as obrigações de adquirir o direito vendido e de convalidar o contrato, mas não a obrigação de transmitir aquele direito (o que dificilmente se compreende, considerando que, sendo o contrato de compra e venda transmissivo, isto é, para transmitir, não se vê que outra finalidade, senão a de transmitir, possa ter o vendedor ao adquirir o direito que é objeto do contrato que está obrigado a convalidar).

[60] Em sentido diferente, o meu artigo *Transmissão contratual da propriedade – entre o mito da consensualidade e a realidade de múltiplos regimes*, Themis, nº 11, 2005, p. 5 ss (p. 12 s), com discordância de L. COUTO GONÇALVES, *A (des)articulação entre os princípios da consensualidade e da publicidade dos direitos reais*, Código Civil de 1966. Novos Desafios. Comemorações dos 50 anos do Código Civil, Braga, 2017, p. 71 ss (p. 77 s).

[61] Ver acórdãos STJ de 20.10.2009, de 18.06.2009 e de 21.01.2016, respetivamente.

bens futuros; 2ª se o comprador reconhece ou sabe que a coisa não pertence ao vendedor; 3ª se o vendedor ilude o comprador quanto à propriedade, que diz pertencer-lhe, mas o comprador decide exigir o cumprimento da obrigação de transmissão da propriedade.

Em qualquer destas situações, o vendedor assume a obrigação de promover a aquisição da propriedade pelo comprador por uma de duas vias: a aquisição da propriedade, que se transmite ao comprador por efeito diferido do contrato, ou a transmissão direta da propriedade pelo proprietário ao vendedor. Se este efeito não for obtido, verifica-se o incumprimento do contrato com os efeitos comuns: direito a resolução e a indemnização pelos prejuízos sofridos.

O vendedor pode sempre obstar à nulidade e à ineficácia, promovendo espontaneamente a aquisição da propriedade.

Para que o contrato de compra e venda civil de coisa alheia seja nulo, é necessário que se verifiquem cumulativamente os seguintes requisitos, dois positivos e dois negativos: a boa fé de um dos contraentes quanto ao desconhecimento de que a coisa é alheia; a iniciativa de declaração de nulidade (porque está excluído o conhecimento oficioso[62]); a inexigência de cumprimento por parte do comprador; a não convalidação pelo vendedor[63].

A aplicabilidade do regime especial da nulidade prescrita pelo artigo 292º é pois muito restrita. Uma boa parte dos contratos de venda de coisa alheia, incluindo os de venda para consumo (*supra* I), tem natureza comercial[64], pelo que são válidos, embora com eficácia suspensa da transmissão da propriedade da coisa vendida. Outra parte significativa respeita a contratos civis de venda de bens sujeitos a registo (imóveis, automóveis), em relação aos quais há que atender a duas especialidades: se o vendedor é o proprietário segundo o registo, a venda é válida, porque quem poderia registar, mas não registou, não pode opor

[62] Conforme entendimento maioritário, porque o conhecimento oficioso não é compatível com as regras de invocabilidade aplicáveis; assim, DIOGO BÁRTOLO, ob. cit., p. 403 ss; PINTO OLIVEIRA, ob. cit., p. 166 ss; L. MENEZES LEITÃO, *Direito das Obrigações*, vol. III, *Contratos em especial*, 8ª ed., Coimbra, 2013, p. 93; acórdão do STJ de 14.09.2010.

[63] O âmbito de aplicação do regime da nulidade é pois ainda mais restrito do que o referido por MENEZES LEITÃO, ob. cit., p. 89: venda como própria de uma coisa alheia específica e presente, fora das relações comerciais.

[64] O artigo 467º do Código Comercial anda um pouco esquecido. M. OEHEN MENDES, *Contratos de transmissão de patente*, Contratos de Direito de Autor e de Direito Industrial, Coimbra, 2011, p. 371 ss, trata, na venda de patente alheia, apenas do regime civil (p. 383 ss), cuja aplicabilidade é altamente improvável, porque, num tal contrato, é normal que uma das partes, pelo menos, atue no âmbito de atividade industrial ou comercial. Em vários acórdãos do STJ, nem as partes nem os juízes invocaram ou aplicaram o referido preceito em casos de venda comercial – venda por comerciante (acórdãos de 31.10.2006 e de 03.02.2011), venda de quotas (acórdão de 10.12.2015). No acórdão do STJ de 18.06.2009, o elenco das situações (ditas) excecionais em que o regime da venda de bens alheios se não aplica omite o referido artigo 467º do Código Comercial.

a nulidade ao comprador que tenha registado a aquisição[65]; se o vendedor não é proprietário segundo o registo, não é fácil de configurar a boa fé do comprador que tem ao seu dispor a consulta do respetivo registo público.

O que fica então para a aplicação efetiva do regime da nulidade da venda de bens alheios? A venda civil – isto é, sem intervenção de comerciantes e sem outro fator que lhe atribua natureza comercial, v. g. a venda de valores mobiliários – de bens móveis não sujeitos a registo, por exemplo, de quadros ou de livros, e, ainda assim, se o comprador não preferir a exigência de cumprimento do contrato e se o vendedor não convalidar o contrato pela aquisição da propriedade da coisa vendida[66].

O regime da nulidade da venda civil de bem alheio é muito especial, distinguindo-se do regime geral da nulidade nos seguintes pontos: a legitimidade para a sua invocação é restrita ao contraente de boa fé, com exclusão do conhecimento oficioso e de outros interessados[67-68]; o regime da restituição do preço não segue a regra geral, porque depende da boa ou da má fé do comprador (artigo 894º); a declaração de nulidade não procede se, por qualquer razão, a propriedade se tiver transmitido para o comprador.

No seu todo, os efeitos da compra e venda civil de bem alheio são mais próximos da ineficácia (parcial) do que da nulidade[69]. Nos casos mais frequentes,

[65] Diz o sumário do acórdão do STJ de 26.06.2008: "A nulidade dos contratos de compra e venda cede perante as regras do registo predial, das quais decorre que a transmissão do direito de propriedade sobre imóveis não registada não produz efeitos em relação a terceiros que tenham inscrito a aquisição subsequente do mesmo vendedor". No mesmo sentido, MENEZES LEITÃO, ob. cit., p. 92, SANTOS JUSTO, ob. cit., p. 53 s, e o acórdão do STJ de 18.06.2009.

[66] Excluída da nulidade está também a alienação onerosa de bens da herança por herdeiro aparente a terceiro de boa fé (artigo 2076º, nº 2).

[67] Em relação a estes, pela mesma razão por que se exclui o conhecimento oficioso (cfr. nota 62). Mas este ponto é controverso: neste sentido, MENEZES LEITÃO, loc. cit., acórdão do STJ de 14.09.2010, em sentido contrário, DIOGO BÁRTOLO, ob. cit., p. 401 ss; PINTO OLIVEIRA, ob. cit., p. 159 s.

[68] A exclusão do proprietário também é controversa; para as diversas opiniões, ver J. COSTA E SILVA, *Alguns aspetos da venda de bens alheios no Código Civil*, 2014, p. 28 ss (https://repositorio.ucp.pt/bitstream/0400.14/16416/1/Tese%20Jorge%20Nuno%202%20-%20VERS%C3 %83%20FINALISSIMA.pdf). O acórdão da Relação de Lisboa de 02.05.2013 é muito permissivo em qualquer destes pontos controvertido, constando do respetivo sumário: "O contrato de compra e venda de coisa alheia é ineficaz em relação ao respetivo proprietário, podendo este pedir a declaração da sua nulidade no confronto entre o comprador e o vendedor, além de que a declaração deste vício pode operar oficiosamente – art. 286 CC".

[69] PAIS DE VASCONCELOS, *Teoria geral do direito civil*, cit., p. 382; YARA MIRANDA, *Venda de coisa alheia*, Themis, nº 11, 2005, p. 111 ss (p. 143), sustentando que os efeitos são iguais para a venda comercial e para a venda civil. Para M. CLARA SOTTOMAYOR, *Invalidade e registo: a protecção do terceiro adquirente de boa fé*, Coimbra, 2010, que vê no regime do Código Civil da venda de bens alheios uma situação de nulidade parcial por divisibilidade entre as consequências jurídicas reais e obrigacionais, com cisão dos efeitos do negócio jurídico entre as partes e em relação a terceiros (p. 845 s, 859), a distinção entre os regimes de validade e de nulidade não é muito grande, no caso (p. 862). Para CUNHA GONÇALVES,

a venda é válida, mas ineficaz para transferir a propriedade para o comprador, mantendo-se sempre latente a obrigação de o vendedor transferir a propriedade para o comprador[70]. As consequências de o vendedor não cumprir esta obrigação assemelham-se mais ao regime da resolução do que ao regime comum da nulidade[71].

Todavia, por obediência a lei expressa, não se pode contestar que, em casos residuais, a venda civil de coisa alheia seja nula, embora com especialidades assinaláveis em relação ao regime geral da nulidade. Mas a solução não é a melhor. Lembremos a justificação do anteprojeto[72] para adotar para a venda civil uma solução diferente da venda comercial.

Reconhece-se aí que a validade da venda de bens alheios é compatível com natureza real do contrato de compra e venda[73], obstando apenas a que seja eficaz para transferir a propriedade. Admite-se até que seja compatível com os interesses do proprietário e do comprador. As razões apontadas para a nulidade, em vez da validade como é regra no direito comercial, foram as seguintes: uma situação mais nítida, sobretudo para os leigos; o perigo de aparências enganadoras e de estímulos desonestos ou aventureiros.

Nenhuma destas razões é a meu ver pertinente. A validade da venda de coisa alheia aplica-se a contratos de consumo, sendo a posição de consumidor a mais leiga das posições contratuais possíveis. Não me parece que um consumidor comum fique admirado ou desprotegido por a compra a um comerciante ser válida, independentemente de quem seja o proprietário (o vendedor ou outrem). Com ou sem validade da venda de bens alheios, em geral, as aparências enganadoras e os comportamentos desonestos configuram geralmente crime de burla ou de abuso de confiança, que, neste caso sim, implica nulidade por contrariedade à lei e aos bons costumes (artigo 280º)[74].

Além de injustificada, a nulidade da venda de bem alheio não é coerente com a ineficácia estrita da representação sem poderes. Por que há de ser diferente o

ob. cit., p. 229, a venda civil de coisa alheia, com o regime do artigo 1555º do Código de Seabra (ver nota 35 *supra*) seria válida, mas resolúvel.

[70] Cfr. J. ANTUNES VARELA, *Das Obrigações em Geral*, I, 9ª ed., Coimbra, 1996, p. 312 s.

[71] YARA MIRANDA, ob. cit., p. 142 ss.

[72] GALVÃO TELLES, *Contratos civis*, cit., p. 17 ss.

[73] Como também reconhece MÓNICA JARDIM, ob. cit., 198 ss.

[74] Entre 1852 e 1982, cometia crime de burla quem fingisse ser "dono de uma coisa a alhear" (Código Penal de 1852, artigo 450º, nº 1). Mas, com o Código Penal de 1982, desapareceu a menção à venda de coisa alheia como subtipo especificado do crime de burla, que todavia se pode configurar quando se verifiquem os requisitos gerais da burla, designadamente o "erro ou engano sobre factos, que astuciosamente [o agente] provocou" (artigo 313º do Código Penal de 1982 = ao atual artigo 217º). O acórdão da Relação de Évora de 20.05.2014 considerou não ser suficiente para o efeito a simples mentira, exigindo mais alguma "habilidade" para convencer o comprador de que a coisa pertence ao vendedor.

efeito (ineficácia ou invalidade) em função de o vendedor de coisa alheia declarar ou não que age em nome de outrem? Se o fizer, embora com inexatidão, a venda é ineficaz, podendo ser ou não ratificada pelo proprietário; se nada disser, a venda seria nula, embora suscetível de validação. Mas a situação subjacente – a falta de poderes para alienar – é exatamente a mesma.

A solução mais adequada parece-me ser a unificação do regime, comercial ou civil, de alienação de bens alheios no sentido da sua validade obrigacional e ineficácia real. Em qualquer hipótese, civil ou comercial, a existência de crime gera nulidade. Tal solução conjuga devidamente todos os interesses das pessoas envolvidas.

É esta a tendência atual, acolhida como princípio comum do direito dos contratos: o contrato não é inválido só porque um dos contraentes não tem o direito de dispor do bem a que o contrato se refere[75].

V. *Oneração de bens alheios.* Só tem legitimidade para hipotecar ou para dar em penhor quem puder alienar os respetivos bens (artigos 715º e 667º, nº 1). Só tem legitimidade para constituir a consignação de rendimentos quem puder dispor dos rendimentos consignados (artigo 657º, nº 1).

A lei não explicita os efeitos da ilegitimidade[76]. O Supremo Tribunal de Justiça tem entendido que se aplicam as regras da venda de bens alheios, sendo nulo, por aplicação do artigo 892º, o contrato celebrado entre o credor (ou devedor) e a pessoa que se arroga o direito de onerar. Esse contrato é ineficaz em relação ao proprietário do bem que se pretendia onerar, como sucede em relação ao proprietário na venda de coisa alheia[77].

Na verdade, a oneração de bem alheio por hipoteca, penhor ou consignação de rendimentos sem consentimento do proprietário não produz qualquer efeito, porque a geração do direito real menor de garantia decorre, e decorre apenas, da declaração do proprietário, que pode ser unilateral (vol. III, nºs 17-I e II, 18-I). Daí não haver paralelismo entre a pretensa garantia real incidente sobre coisa alheia e a venda de coisa alheia, sendo irrelevante, para as garantias reais, a boa ou a má fé de qualquer das partes, salvo um eventual direito a indemnização.

[75] Cfr., com redações diferentes, mas próximas, UNIDROIT *Principles of International Commercial Contracts* (versão de 2016), artigo 3.1.3 (2), *Principles of European Contract Law*, de 2000, artigo 4:102 (2) e *Principles. Definitions and Model Rules of European Private Law. Draft Common Frame of Reference (DCFR)* de 2009, artigo II-7:102, 2ª parte. Todos estas regras estão incluídas em preceitos dedicados à impossibilidade originária. Também C. MONTEIRO PIRES, *Impossibilidade da prestação*, Coimbra, 2017, p. 137 ss, qualifica a venda de bens alheios como "um caso de impossibilidade (legal) originária do cumprimento", com regime especial.

[76] Acórdão do STJ de 06.05.2008.

[77] Acórdãos de 06.05.2008 (que invoca o artigo 939º e que oscila entre a nulidade e a ineficácia do contrato de hipoteca), de 16.11,2010 e de 29.03.2012 (todos sobre hipoteca), acórdão de 05.05.2011 (sobre penhor). Parece ser também esta a opinião de H. RAMOS ALVES, *Do penhor*, Coimbra, 2010, p. 98.

Por isso, me parece melhor considerar que os atos de hipoteca, penhor ou consignação de rendimentos de bem alheio são em absoluto ineficazes, mas podem ser ratificados pelo proprietário.

Nulos ou ineficazes, os contratos de constituição de garantia real sobre bem alheio podem ser convertidos, se se verificarem os requisitos do artigo 293º, em contratos promessa de hipoteca, penhor ou consignação de rendimentos, que são admissíveis para a produção de efeitos meramente obrigacionais (a obrigação de constituir a hipoteca; *infra* nº 27-III e vol. III, nºs 17-I e 18-I).

Apesar de faltar preceito legal expresso, parece seguro que a legitimidade para a criação de direitos reais menores de gozo, tais como o usufruto e a servidão, pertence igualmente a quem tiver o poder de disposição sobre os bens que são objeto do direito. Se, por contrato oneroso, se declarar a constituição destes direitos sobre bem alheio, é provável a aplicação analógica das regras próprias da venda de bem alheio, em conformidade com o artigo 939º.

6. (I)legitimidades para a criação e a extinção de efeitos desfavoráveis ou favoráveis para outrem

"Em relação a terceiros, o contrato só produz efeitos nos termos especialmente previstos na lei" (artigo 406º, nº 2). Como exceção a este princípio da relatividade dos contratos, indica-se geralmente o contrato a favor de terceiro[78]. Mas o preceito deve ser lido em quatro vertentes: criação e extinção de efeitos desfavoráveis, criação e extinção de efeitos favoráveis para terceiros.

I. *Criação de obrigações para outrem.* Como regra, salvo representação, ninguém tem legitimidade para a criação de obrigações de que seja devedor pessoa que não participa no ato, seja um contrato seja um ato unilateral. Dito de outro modo: em regra, não há devedor de obrigação criada por fonte negocial que não coincida com todos os contraentes, um só dos contraentes ou o declarante único.

Esta regra tem exceções: a comunicabilidade de dívidas contraídas por um só dos cônjuges, o contrato com encargo para terceiro (se admitido) e a ordem legítima.

Diz-se que a comunhão da vida conjugal justifica a atribuição de legitimidade a um dos cônjuges para contrair determinadas dívidas que responsabilizam também o outro (artigos 1690º e 1691º, especialmente alíneas b), c) e d) do nº 1). É um desvio ou uma derrogação ao direito comum das obrigações, que, nesta

[78] M. J. ALMEIDA COSTA, *Direito das obrigações*, 11ª ed., Coimbra, 2011, p. 349, refere também o contrato para pessoa a nomear, mas a eficácia da nomeação depende de acordo do nomeado (artigo 453º, nº 2), enquanto a eficácia para terceiro do contrato a seu favor não depende de aceitação ou adesão (artigos 444º, nº 1, e 447º).

situação, prescinde de institutos como o mandato, com ou sem representação, a gestão de negócios ou a fiança[79].

O fundamento de contratos com encargo para terceiro[80] é o seguinte:

Há contratos em que o devedor se obriga a realizar a prestação através de outras pessoas que, por sua vez, perante ele se obrigaram, em contrato de mandato, noutro contrato de prestação de serviço ou em contrato de trabalho, a praticar atos que correspondem exatamente à prestação devida. Nestes contratos verifica-se a união funcional de um contrato com um outro contrato, ato de cooperação ou de subordinação que prevê precisamente a prestação de atos a terceiro.

Parece-me defensável sustentar que estes contratos vinculam também diretamente os auxiliares no cumprimento, desde que, num outro ato, se tenham obrigado perante o contraente que os indica a praticar atos da natureza dos previstos no contrato em que não participam.

Por exemplo: a empresa hoteleira obriga-se também perante o hóspede à prestação de serviços que diretamente se obrigou a prestar em contrato com uma agência de viagens que, por sua vez, celebrou com o hóspede contrato com igual conteúdo; o banco que assumiu a obrigação de assegurar o serviço de caixa obriga-se também perante os credores do seu cliente a efetuar os pagamentos que por este sejam devidos por força de contratos em que o banco é indicado como agente pagador. Nestes exemplos, os contratos com encargo para terceiro são, respetivamente, o contrato do hóspede com a agência de viagens e os contratos entre o cliente do banco e os seus credores, sendo terceiros obrigados a empresa hoteleira e o banco, que não participam nesses contratos.

No direito privado, a paridade e a autonomia excluem, em princípio, o poder de emitir ordens (ou instruções), isto é, ato jurídicos unilaterais recipiendos pelos quais uma pessoa, no exercício de um direito potestativo, impõe um comportamento a outrem (ver, com mais desenvolvimento, vol. IV, nº 12-III e IV). Ainda assim, há domínios em que tal poder é admissível, designadamente, nos contratos de trabalho, de voluntariado, de aprendizagem e de mandato.

Em todas estes casos, o poder de emitir ordens ou instruções é legitimado por um tipo contratual cuja finalidade implica tal poder para uma das partes (empregador, entidade formadora ou organizadora do serviço voluntário, mandante) e o correspondente dever para a outra (trabalhador, aprendiz, voluntário, mandatário).

A ordem tem sempre como efeito um dever de cumprir pelo seu destinatário, que pode ser ou não uma prestação. Na hipótese afirmativa, a ordem cria uma

[79] PEREIRA COELHO & GUILHERME DE OLIVEIRA, *Curso de direito da família*, I, *Introdução. Direito matrimonial*, 4ª ed., Coimbra, 2008, p. 405; J. DUARTE PINHEIRO, *O Direito da Família contemporâneo. Lições*, 4ª ed., Lisboa, 2013, p. 570.

[80] Sobre a sua admissibilidade, ver, com mais desenvolvimento, o nº 10 do meu livro *Contratos II. Conteúdo. Contratos de troca*, 4ª ed., Coimbra, 2016.

obrigação em sentido técnico-jurídico. A emissão de ordens tem ainda assim como fonte um contrato em que participa o ordenado.

Fora destas situações, a criação unilateral de obrigações para outrem é ineficaz, por ilegitimidade do agente. A promessa de facto de terceiro (vol. II, nº 7-I) só abriga este em contrato com encargo para terceiro.

II. *Criação de direitos para outrem.* É comum aceitar-se como princípio que ninguém é obrigado a aceitar um benefício (*invito non datur beneficium*). Conjugando este brocardo com o princípio do contrato formulado na sua máxima extensão, só por contrato seria admissível atribuir direitos a outrem. Por outro lado, e também para proteção do beneficiário, a lei exige como regra que as liberalidades *inter vivos* se façam por contrato (cfr., designadamente, o artigo 940º, nº 1, para as doações, e o artigo 863º, para a remissão de dívidas). Estas tendências estão na base do artigo 457º: "a promessa unilateral de uma prestação só obriga nos casos previstos na lei".

As exceções a estas regras são muitas e de notável extensão: a promessa pública (artigos 459º e seguintes), a doação pura a pessoas com capacidade de exercício limitada (artigo 951º), a instituição de fundação (artigos 185º e seguintes), as garantias unilaterais[81] e, principalmente, a categoria dos contratos a favor de terceiro (artigos 443º e seguintes), cujo regime admite a atribuição a terceiro de direitos de qualquer natureza (artigo 443º, nº 2)[82].

Os princípios antes enunciados aplicam-se, em regra, à criação, por ato unilateral privado, de direitos de crédito a favor de pessoa logo determinada[83], de direitos de gozo (reais, intelectuais e pessoais) e de direitos potestativos. Falta então ao agente o poder para, por si só, produzir efeitos jurídicos em benefício de outrem, isto é, para atribuir a titularidade de direitos a outrem. Falta pois legitimidade.

Qual é a consequência? Ineficácia ou nulidade? Para os direitos de crédito, diz a lei que a promessa unilateral só obriga nos casos previstos na lei. Para a propriedade e para o usufruto, os artigos 1316º e 1440º indicam elencos de "modos de aquisição" e de "constituição" que não compreendem o ato unilateral praticado para produzir efeitos em vida. Preceitos de conteúdo similar se aplicam a outros

[81] Para a hipoteca, artigo 712º; sobre a admissibilidade de instituição unilateral do penhor, fiança e de garantia autónoma, cfr. vol. III, nºs 18-I, 20-I e 21-III.

[82] Acerca da brecha que a admissibilidade o contrato a favor de terceiro abriu no princípio do contrato e da sua relatividade e do contrato, cfr. vol. II, nº 8-VI.

[83] Segundo opinião dominante, a inversão do ónus da prova é o único efeito do artigo 458º sobre o reconhecimento de dívida e a promessa unilateral de uma prestação (por todos, A. MENEZES CORDEIRO, *Tratado de Direito Civil Português*, II, *Direito das Obrigações*, tomo II, Coimbra, 2010, p. 691 ss, com referências jurisprudenciais).

direitos. Logo, os atos unilaterais referidos não produzem efeitos de criação destes direitos, isto é, são *ineficazes* para a criação de direitos para outrem[84].

III. *Extinção de obrigações e de direitos de outrem.* "A prestação pode ser feita tanto pelo devedor como por terceiro, interessado ou não no cumprimento da obrigação (artigo 767º, nº 1). Em desvio da coincidência entre titularidade e legitimidade, qualquer pessoa, com ou sem interesse na prestação, pode extinguir uma dívida de outrem através do cumprimento. A admissibilidade de cumprimento por terceiro confere-lhe portanto legitimidade[85].

Mas esta regra tem limites excludentes: o acordo expresso contrário entre devedor e credor, o prejuízo deste, v. g. em obrigações infungíveis por natureza (nº 2 do mesmo artigo), e a recusa do credor em receber a prestação, quando se justifica perante a oposição do devedor e a impossibilidade de o terceiro ficar sub-rogado nos direitos do credor (artigos 768º, nº 2, e 592º). Nestes casos, o terceiro não tem legitimidade para efetuar a prestação, que é *ineficaz* para extinguir a obrigação de outrem e para sub-rogar o terceiro nos direitos do credor.

Por maioria de razão, a mera declaração de extinção de uma obrigação, feita pelo credor ou por terceiro, carece de legitimidade e, em consequência, é ineficaz, como confirma o artigo 863º com a exigibilidade de contrato para a remissão de dívida.

Como regra, a prestação feita a terceiro (isto é, a pessoa diferente do credor) não extingue a obrigação (artigo 770º). Em termos de (i)legitimidade, isto significa que, em regra, o devedor não está legitimado para extinguir unilateralmente o correspondente crédito com o pagamento a terceiro. Se o devedor pagar a terceiro, não se verificando nenhuma das exceções do citado artigo, o pagamento é *ineficaz* ("quem paga mal paga duas vezes"), como decorre claramente da alínea b) do mesmo preceito, que prevê a extinção da obrigação feita a terceiro por via da ratificação do credor.

Em relação a direitos absolutos ou potestativos, bem como em relação aos correspondentes deveres ou sujeições, ninguém, salvo representação com poderes bastantes, dispõe de legitimidade para unilateralmente proceder à sua extinção. Os atos praticados sem poderes de representação são *ineficazes*, não se vendo razão para distinguir entre os atos em que se invocam poderes de representação insuficientes ou inexistentes (artigo 268º) e os atos que nenhum poder representativo é referido (ver *supra* nº 5-III).

[84] Assim, para a promessa unilateral, M. AZEVEDO MOURA, *Os limites da vinculação unilateral – a promessa (unilateral) no direito civil*, Lisboa, 2018 (policop.), p. 188, 353.

[85] Assim, designadamente, A. MENEZES CORDEIRO, *Tratado de Direito Civil Português*, II, *Direito das Obrigações*, tomo IV, Coimbra, 2010, p. 46 ss; L. MENEZES LEITÃO, *Direito das Obrigações*, vol. II, *Transmissão e extinção das obrigações. Não cumprimento e garantias do crédito*, 7ª ed., Coimbra, 2010, p. 152 ss; P. PAIS DE VASCONCELOS, *Teoria geral do direito civil*, cit., p. 88.

7. Falta de consentimento (ou de autorização) do titular

I. *Terminologia e conceitos*. Não há diferença substancial entre os atos que a lei designa com as palavras autorização, consentimento, assentimento, permissão e, por vezes, reconhecimento, embora me pareça preferível considerar como consentimento o ato que é praticado pelo titular da situação jurídica afetada e como autorização o ato que é praticado por quem não é titular da situação jurídica[86].

Nestes termos, o consentimento consistiria na permissão para que outrem, agindo em nome e no interesse próprio, use de faculdades ou disponha de poderes componentes de uma situação jurídica de que é titular a pessoa que dá o consentimento; a autorização consistiria na permissão para que outrem extinga ou adquira uma situação jurídica ou faça uso de uma faculdade contida num direito de que a pessoa autorizada já é, ou há de ser, titular[87].

No âmbito da ilegitimidade, só se considera a falta de consentimento do titular, que a lei também designa por falta de autorização[88] (do titular) e que se aproxima, segundo expressão doutrinária, da "autorização constitutiva"[89].

O consentimento (*proprio sensu*) refere-se geralmente a direitos ou faculdades pessoais, reais, sociais ou de crédito de que é titular a pessoa que dá o consentimento. Também há casos contados em que o consentimento se reporta à assunção por terceiro de dívida do titular (artigo 595º, nº 1, alínea b) ou à tomada por este de posições contratuais (artigo 261º, sobre contrato consigo mesmo).

Os atos de consentimento que aqui se trata são sempre, e só, atos unilaterais. Não se consideram, além disso, atos que a lei designa como de autorização, cuja natureza é, na verdade, de declaração para a modificação bilateral do contrato: por exemplo, a "autorização" ao empreiteiro para alterações da obra ou do plano da obra (artigos 1214º, nº 1), que, faltando, tem efeitos próprios do incumprimento (artigos 1214º, nº 2, e 1117º, nº 2)[90].

[86] No direito alemão a terminologia também não é muito precisa. *Zustimmung* (consentimento) é um conceito que compreende *Einwillung* (autorização prévia) e *Genehmigung* (ratificação), havendo ainda a considerar a *Ermächtigung* (atribuição de poder). Ver, por todos, WOLF & NEUNER, *Allgemeiner Teil des Bürgerlichen Rechts*, cit., p. 658 ss; MENEZES CORDEIRO, *Tratado de Direito Civil Português. I. Parte Geral*, tomo IV, cit., p. 20 ss.

[87] Sobre a falta de autorização por quem não é titular, ver adiante nº 20.

[88] Pela positiva, AZEVEDO RAMALHO, *Da legitimidade...*, cit., p. 340, refere a autorização que atribui legitimidade "para dispor sobre bem integrante da esfera jurídica do autorizante".

[89] P. L. PAIS DE VASCONCELOS, *A autorização*, Coimbra, 2012, p. 152 ss; P. CAETANO NUNES, *Dever de gestão dos administradores de sociedades anónimas*, Coimbra, 2012, p. 49.

[90] Lembre-se que na redação inicial do *Code Civil* se exigia para a validade das convenções "o consentimento da parte que se obriga" (artigo 1108) e que, na redação de 2016, a propósito do contrato, se fala de "troca de consentimentos" (artigo 1109). No artigo 647º do Código de Seabra referia-se o mútuo consenso no contrato como "consentimento dos estipulantes". Nestas expressões, consentimento tem a natureza de declaração contratual, não de ato unilateral autónomo exterior a um contrato.

Segue-se, usando a terminologia legal, a análise breve dos casos em que a lei exige consentimento (ou autorização) do titular para a criação de efeitos para o agente.

II. *No regime matrimonial e na contitularidade.* A palavra "legitimidade" é usada pela doutrina para atos praticados por um dos cônjuges que não exigem o consentimento do outro: atos de administração ordinária relativos a bens comuns do casal (artigo 1678º, nº 4, 1ª parte); atos de alienação ou de oneração de móveis próprios ou comuns de que um dos cônjuges tenha a administração (artigo 1682º, nº 2)[91]. Destes preceitos infere-se que sofrem de *ilegitimidade* os atos de um dos cônjuges que carecem de consentimento do outro (artigos 1678º, nº 4, 2ª parte, 1682º, nºs 1, 3 e 4, 1682º-A e B, 1683º, nº 2, 1687º, nºs 1 e 3). Tal é certamente correto para os atos de administração extraordinária, de alienação ou de oneração de bens comuns e relacionados com a casa de morada da família, sobre a qual recai um direito de utilização[92] por ambos os cônjuges.

Mas não pode ser esse o enquadramento jurídico da necessidade de consentimento do outro cônjuge para a administração, a alienação, a oneração ou a locação de imóveis ou de estabelecimento comercial que sejam bens próprios do cônjuge titular. Para estes atos, a intervenção do outro cônjuge não é de consentimento do titular, é de autorização ao titular. A única explicação coerente é a *incapacidade de exercício*, suprível pelo consentimento do outro cônjuge[93]. A sanção para a falta de consentimento é, em qualquer destes casos, a *anulabilidade*, a requerimento do cônjuge que não deu o consentimento ou dos seus herdeiros (artigo 1687º, nº 1)[94].

"À alienação ou oneração de bens próprios do outro cônjuge, feita sem legitimidade, são aplicáveis as regras relativas à alienação de coisa alheia" (artigo 1687º, nº 4) isto é, *nulidade* relativa para o adquirente e para o alienante[95] e *ineficácia* para o cônjuge proprietário, por falta de legitimidade (*supra* nº 5-II).

Também é havida como disposição ou oneração de coisa alheia – e portanto sujeita ao respetivo regime de nulidade e de ineficácia, por falta de legitimidade – a disposição ou oneração de parte especificada da coisa em compropriedade

[91] Não se menciona o artigo 1690º, nº 1, porque, conferindo a qualquer dos cônjuges legitimidade para contrair dívidas, sem consentimento do outro, não tem como reverso a ilegitimidade (ver *supra* nº 6-II).

[92] DUARTE PINHEIRO, *O Direito da Família contemporâneo*, cit., p. 566.

[93] Ver explicação mais detalhada no vol. V, nº 6-VIII.

[94] A favor da aplicação deste regime aos atos ilegítimos de administração extraordinária a que se refere o artigo 1678º, nº 3, 2ª parte, DUARTE PINHEIRO, ob. cit., p. 569; P. L. PAIS DE VASCONCELOS, *A autorização*, cit., p. 452 ss.

[95] Se for contrato civil e, ainda assim, com as restrições e os ajustamentos que constam do nº 5-II e III, *supra*.

por um dos comproprietários sem consentimento dos outros (artigo 1408º, nº 2[96]).

"O arrendamento de prédio indiviso feito pelo consorte ou pelos consortes administradores só se considera válido quando os restantes comproprietários manifestem, antes ou depois do contrato, o seu assentimento" (artigo 1024º, nº 2). Quanto aos efeitos da falta de consentimento, dividem-se as opiniões entre a nulidade própria da disposição de coisa alheia e a ineficácia[97]. Mas, aplique-se ou não aquele regime *inter partes*, a ineficácia será sempre a consequência para os comproprietários que não consentiram no arrendamento, porque é essa a regra geral para os titulares do direito alienado por outrem sem poderes (*supra* nº 5-I e II).

A revogação do mandato conferido por várias pessoas para assunto de interesse comum só produz efeito se for realizada por todos os mandantes (artigo 1173º).

III. O consentimento e a autorização também interferem *no âmbito da representação.*

Para a substituição do procurador por outrem, assim como para a sub-representação ou sub-estabelecimento, é necessária a permissão do representado, salvo se a faculdade de substituição resultar diretamente da procuração ou da relação interna (artigo 264º, nº 1). Se o poder de substituição não constar da procuração, os atos praticados pelo substituto são *ineficazes* por falta de poderes de representação (artigo 268º).

Por falta de poderes de representação, ineficazes serão também os atos praticados sem autorização do representado, quando exigida por lei (por exemplo, propositura de ações judiciais pelo representante comum dos obrigacionistas, em conformidade com o artigo 355º, nº 4, alínea f), do Código das Sociedades Comerciais; atos elencados no artigo 152º, nº 2, do mesmo Código, que só com autorização dos sócios podem ser praticados pelo liquidatário[98]).

Segundo o artigo 261º, nº 1, "é *anulável* o negócio celebrado pelo representante consigo mesmo, seja em nome próprio, seja em representação de terceiro, a não ser que o representado tenha especificadamente consentido na celebração ou que

[96] Ver comentário em PIRES DE LIMA & ANTUNES VARELA, *Código Civil anotado*, vol. III, 2ª ed., Coimbra, 1987, p. 364 ss.

[97] E. SEQUEIRA SANTOS, em *Código Civil anotado* (org. Ana Prata), Coimbra, 2017, I, p. 1252. O acórdão da Relação de Lisboa, de 06.05.2010, julgou ineficaz um contrato de arrendamento de prédio indiviso celebrado por um dos co-herdeiros, sem assentimento do outro, sendo "esta invalidade [*sic*] sanável mediante confirmação".

[98] Ineficácia também oponível a terceiros, segundo CAROLINA CUNHA, *Código das Sociedades Comerciais em comentário* (org. Coutinho de Abreu), vol. II, Coimbra, 2011, p. 656.

o negócio exclua por sua natureza a possibilidade de um conflito de interesses" (artigo 261º, nº 1; vol. I, nº 53-C, vol. V, nº 23-V).

A cominação da anulabilidade não é insuscetível de críticas. No anteprojeto do Código Civil preconizou-se a ineficácia, tal como na representação sem poderes[99]. Já na vigência do Código, salientou-se a incoerência da solução do artigo 261º em comparação com a ineficácia dos contratos celebrados sem ou com abuso de poderes de representação[100].

Na verdade, o direito português varia quanto aos efeitos dos contratos consigo mesmo e similares: validade da autoentrada do comissário (artigo 274º do Código Comercial); anulabilidade, no regime geral do artigo 261º; *nulidade*, nos contratos proibidos ao tutor (artigo 1939º), nos negócios do administrador com a sociedade (CSC, artigo 397º) e nos contratos do sócio com a sociedade unipessoal (mesmo Código, artigo 270º-F). A *ineficácia* em relação ao cliente é a consequência da atuação de intermediários financeiros com inobservância das normas sobre conflitos de interesses (artigo 347º do Código dos Valores Mobiliários).

IV. *Noutras vicissitudes durante a vigência de contratos e de situações jurídicas.* A lei comina expressamente com *ineficácia* um conjunto heterogéneo de atos praticados, sem consentimento, autorização ou reconhecimento do titular, na vigência de alguns contratos e de algumas situações jurídicas.

Por exemplo:

- cessão da posição contratual, que só produz efeitos para com o cedido com o consentimento ou o reconhecimento deste[101] (artigo 424º; cfr. também artigo 1038º, alínea f), 1ª parte);

[99] RUI DE ALARCÃO, *Erro, dolo e coacção – Representação – Objecto negocial, negócios usurários – Condição. Anteprojecto para o novo Código Civil*, Boletim do Ministério da Justiça, nº 102, 1961, p. 167 ss (p. 171 s); ID., *Breve Motivação do anteprojecto sobre o negócio jurídico na parte relativa ao erro, dolo, coacção, representação, e objecto negocial*, Boletim do Ministério da Justiça, nº 138, 1964, p. 71 ss (p. 109 s).

[100] J. DUARTE PINHEIRO, *O negócio consigo mesmo*, Estudos em homenagem ao Professor Doutor Inocêncio Galvão Telles, vol. IV, Coimbra, 2003, p. 141 ss (p. 169 ss). Segundo o acórdão do STJ de 02.06.2015, "a formulação específica do abuso de representação verifica-se no caso especial do denominado negócio consigo mesmo". Em defesa do regime legal, RAÚL GUICHARD, O *negócio consigo mesmo*, Revista de Ciências Empresariais e Jurídicas, nº 11, 2007, p. 25 ss (p. 63).

[101] Questão controvertida. Para C. MOTA PINTO, *Cessão da posição contratual*, Coimbra, 1970, p. 474, 477, sem consentimento da contraparte, a cessão não produz quaisquer efeitos. Um acórdão do STJ de 17.11.1994 julgou mesmo que, faltando o consentimento, a cessão é nula. Para L. CARVALHO FERNANDES, *A conversão dos negócios jurídicos civis*, Lisboa, 1993, p. 871, a falta de consentimento do contraente cedido determina ineficácia (no mesmo sentido, o acórdão do STJ de 27.05.2014). Parece-me ser esta a melhor opinião, porque, além do elemento literal que se retira do artigo 424º, nº 2, o consentimento do cedido é um fator extrínseco ao contrato de cessão, como noutros casos de ineficácia em sentido estrito (ver *supra* nº 1-II). A ineficácia apenas para o titular do direito (o contraente cedido) é a solução que melhor se

- transmissão de dívida por contrato entre devedores, que só produz efeito com a ratificação pelo credor (artigos 595º, nº 1, alínea a), e 596º);
- prestação pelo devedor a terceiro, que, em regra, só com consentimento ou ratificação do credor tem efeito extintivo da obrigação (artigo 770º, alíneas a) e b); *supra* nº 6-III).
- sublocação, que só produz efeitos em relação ao locador ou a terceiros, se for autorizada, reconhecida ou ratificada pelo locador (artigos 1038º, alínea g), 1061º e 1088º);
- aumento das prestações impostas pelo contrato de sociedade aos sócios, que é ineficaz para os sócios que nele não tenham consentido (Código das Sociedades Comerciais, artigo 86º);
- supressão ou limitação de direitos especiais (CSC, artigos 24º, nºs 5 e 6[102], e 103º, nº 2, alínea b), amortização não compulsiva de quota (CSC, artigo 233º, nºs 1, 3 e 5) e venda da quota nos termos do artigo 205º, nº 1, do CSC, que, sem consentimento do sócio afetado, são ineficazes para todos os sócios, por força do artigo 55º do mesmo Código[103].

Noutras situações, a lei exige o consentimento ou a autorização do titular do direito sem indicar a consequência da sua falta. Por exemplo:

- na vigência de contratos: autorização pelo locador para o comodato pelo locatário (artigo 1038º, alínea f, 2ª parte); para o depositário dar a coisa em depósito a terceiro (artigo 1189º); para sublicença de direitos da propriedade industrial (Código da Propriedade Industrial, artigo 32º, nº 9);
- em relação a direitos reais: consentimento do usufrutuário para que o proprietário constitua servidões que diminuam o valor do usufruto (artigo 1460º, nº 2); consentimento do titular da coisa hipotecada (que não seja o devedor) para a cessão da hipoteca para garantia de outro credor do mesmo devedor (artigo 727º, nº 1).

harmoniza com lugares paralelos, designadamente em comparação com outras situações de ilegitimidade.

102 SOVERAL MARTINS & RICARDO COSTA, *Código das Sociedades Comerciais em comentário*, cit., vol. I, 2010, p. 417.

103 Em conformidade com o artigo 55º do CSC, que, para a falta de consentimento, comina ineficácia em sentido estrito (*Código das Sociedades Comerciais Anotado*, org. Menezes Cordeiro, 2ª ed., Coimbra, 2011, p. 227). No sentido de que se trata antes de ineficácia em sentido amplo, abrangendo casos de invalidade e de ineficácia em sentido estrito, absoluta, perante todos, sócios ou não, COUTINHO DE ABREU, *Código das Sociedades Comerciais em comentário*, vol. I, cit., p. 648 s.

Tendo em conta a similitude das situações em que a lei é omissa quanto às consequências e aquelas em que comina a ineficácia, não é temerário afirmar que, em todas, são *ineficazes* os atos praticados sem o consentimento do titular, pelo menos em relação à pessoa que tem o poder permissivo[104].

V. *Operações não consentidas*. Em todos os casos anteriores, os atos praticados sem consentimento ou autorização são contratos ou atos unilaterais declarativos. Mas os atos praticados com inobservância da devida permissão podem também ter a natureza de operações (no sentido de atos que não são declarações).

Exemplos de operações efetuadas sem a devida permissão do titular do direito:

- relativas a direitos pessoais: publicação de cartas confidenciais da autoria de outrem (artigo 76º), reprodução de retrato de outrem (artigo 79º), uso, em marca ou logótipo, do nome ou do retrato de pessoa que não seja o titular (Código da Propriedade Industrial, artigos 239º, nº 1, alínea d), e 304º-I, nº 1, alínea d), uso de apelidos do ex-cônjuge, após divórcio (artigo 1677º-B), inseminação artificial (artigo 1839º, nº 3), tratamentos médicos não consentidos (cfr. Lei nº 25/2012, de 16 de julho);
- relativas a direitos reais: sementeira ou plantação em terreno que é propriedade de outrem (artigos 1340º, nº 4, e 1341º), abertura de janelas ou frestas ou outras alterações em parede ou muro comum (artigo 1372º), uso pelo credor da coisa penhorada (artigo 671º, alínea b);
- relativas a contratos: realização de obras pelo locatário (artigo 1074º, nº 2), utilização por terceiro da coisa dada em comodato (artigo 1135º, alínea f), uso pelo depositário ou por outrem da coisa depositada (artigo 1189º), exercício pelo trabalhador de atividade remunerada durante as férias (Código do Trabalho, artigo 247º, nº 1[105]);

[104] Uma breve referência à adoção e à perfilhação, que são atos familiares unilaterais. Para a adoção, a lei exige, além de outros requisitos, o consentimento do(s) adotante(s), do adotando maior de 12 anos e dos pais do adotando (artigo 1981º). Com a adoção surge uma relação de filiação *ex novo*, com implicações diretas na criação (para o adotado e para os adotantes) e na extinção (para o adotado e para os anteriores pais do adotado) de traços dos direitos de personalidade de que as pessoas envolvidas são ou serão titulares (cfr. artigo 70º, nº 1, e CRP, artigos 26º, nº 1, e 36º, nºs 6 e 7). A falta de qualquer um destes atos de consentimento determina a *nulidade* ou mesma a inexistência do ato de adoção (artigo 81º, *a fortiori*). A admissibilidade de o consentimento ser dado por outras pessoas ou dispensado pelo tribunal nas circunstâncias indicadas nos nº 2 e 3 do mesmo artigo 1981º significa apenas o meio de suprir a incapacidade de exercício específicas para o efeito. A falta de assentimento do perfilhado maior gera ineficácia nos termos do artigo 1857º (PEREIRA COELHO & GUILHERME DE OLIVEIRA, *Curso de direito da família*, II, *Direito da filiação*, tomo I, *Estabelecimento da filiação. Adopção*, Coimbra, 2006, p. 168).

[105] A situação jurídica ativa que justifica a autorização ou a dispensa pelo empregador é o seu poder de autoridade e de direção em relação ao trabalhador, que é caraterístico do contrato de trabalho (Código do Trabalho, artigos 11º e 12º, nº 1, alínea e).

– relativos a direitos sociais: utilização por um sócio de coisas sociais para fins estranhos à sociedade civil (artigo 989º).

Estes atos e estas atividades não são, por natureza, suscetíveis de juízos de invalidade ou de ineficácia, categorias jurídicas que só se aplicam a atos declarativos. A violação de direitos absolutos ou o incumprimento de contratos através de operações tem geralmente como efeito próprio a *indemnização* dos prejuízos que o ato praticado ou a atividade exercida sem consentimento tenham causado ao titular do direito ofendido[106].

Mas há outros meios que podem ser usados em substituição da indemnização ou em cumulação com esta, designadamente a reconstituição natural, a inibição preventiva ou a imposição de cessação daqueles atos. Para a tutela de direitos de personalidade, dispõe o titular do processo especial destinado a evitar, atenuar ou fazer cessar a ofensa (Código Civil, artigo 70º, nº 2, Código de Processo Civil, artigos 878º a 880º[107]). Para outras violações, pode o ofendido usar meios processuais como o embargo de obra nova ou outro procedimento cautelar adequado, o processo executivo para entrega de coisa certa ou para prestação de facto e o requerimento de prestação pecuniária compulsória (cfr., no Código Civil, os artigos 827º a 829º-A). Pode ainda recorrer à ação direta, se se verificarem os requisitos do artigo 336º[108]. A violação de deveres dos trabalhadores por atos não consentidos pode ser fundamento de sanção disciplinar[109].

8. Atos do insolvente

São, em regra, ineficazes os atos de administração e de disposição praticados pelo insolvente em relação a bens integrantes da massa insolvente, assim como a cessão de rendimentos ou a alienação de bens suscetíveis de penhora que o

[106] A obrigação de indemnizar é expressamente indicada como efeito da violação dos artigos 989º e 1189º em PIRES DE LIMA & ANTUNES VARELA, *Código Civil anotado*, vol. II, 3ª ed., Coimbra, 1986, p. 323, e vol. III, cit., p. 763, respetivamente. Segundo RAMOS ALVES, ob. cit., p. 128, o uso indevido da coisa penhorada pelo credor tem como efeito para este a assunção do risco pela sua deterioração.

[107] J. P. REMÉDIO MARQUES, *Alguns aspectos processuais da tutela da personalidade humana no novo Código de Processo Civil de 2013*, http://www.cej.mj.pt/cej/recursos/ebooks/ProcessoCivil/Reforma_do_ processo_civil.pdf, 2013.

[108] A sementeira ou plantação em terreno que é propriedade de outrem tem regime especial: acessão, se feita de boa fé (artigo 1340º), destruição ou compensação por enriquecimento sem causa, se feita de ma fé (artigo 1341º).

[109] Para o exercício não autorizado de atividade remunerada durante as férias do trabalhador, dispõe o nº 2 do artigo 247º do Código do Trabalho que, "sem prejuízo da eventual responsabilidade disciplinar do trabalhador, o empregador tem direito a reaver a retribuição correspondente às férias e o respetivo subsídio, metade dos quais reverte para o serviço responsável pela gestão financeira do orçamento da segurança social".

insolvente venha a adquirir após a declaração de insolvência (artigo 81º, nºs 1, 2 e 6, do Código da Insolvência e da Recuperação de Empresas, de 2004)[110].

Para o enquadramento desta *ineficácia* têm sido desenhadas várias soluções. A qualificação como incapacidade, de gozo ou de exercício[111], que gera nulidade ou anulabilidade, não se concilia com a ineficácia em sentido restrito. A favor da incapacidade de exercício, poder-se-ia invocar o nº 4 do citado artigo 81º, que diz: "O administrador da insolvência assume a representação do devedor para todos os efeitos de carácter patrimonial que interessem à insolvência". Mas a representação, que seria representação legal, faz-se tipicamente no interesse primordial do representado (menor, maior acompanhado), enquanto esta representação se destina, em primeira linha, a proteger os interesses dos credores (citado Código, artigos 1º, nº 1, 46º, nº 1 e *passim*)[112]. Deve pois entender-se que o administrador não representa o insolvente, mas a massa insolvente, em nome e no interesse de quem atua.

A ideia de indisponibilidade[113] é exata como efeito da ineficácia, mas não explica a sua génese nem a razão de ser, que, em minha opinião, reside na ilegitimidade[114].

A massa insolvente tem a natureza de património autónomo[115], porque é constituído por um conjunto de situações jurídicas unificado por um fator funcional em razão do qual a lei prescreve um regime especial de responsabilidade por dívidas (cfr. artigo 601º). Esse património está separado do restante património do devedor insolvente, que, por força da lei, não pode em regra, dispor de qualquer dos bens componentes. Ao insolvente, dotado de capacidade de gozo patrimonial genérica, falta poder para produzir efeitos jurídicos em relação às

[110] A ineficácia patrimonial de atos do insolvente tem as exceções referidas no citado nº 6 e está ressalvada no nº 1 para o caso em que o devedor é o administrador da massa insolvente (artigos 223º ss).

[111] Para L. CARVALHO FERNANDES, *Teoria Geral do Direito Civil*, I, 5ª ed., Lisboa, 2009, p. 380 s, a situação jurídica do insolvente é híbrida de incapacidade, próxima da do pródigo, e de ilegitimidade, com predomínio da incapacidade.

[112] Em sentido semelhante, PRATA, CARVALHO & SIMÕES, *Código da Insolvência e da Recuperação de Empresas anotado*, Coimbra, 2013, p. 236. Para M. ROSÁRIO EPIFÂNIO, *Manual de Direito da Insolvência*, 4ª ed, Coimbra, 2012, p. 99, a palavra "representação", que é ainda um resquício da antiga conceção do insolvente como incapaz, deve ser lida como "substituição do insolvente".

[113] Ver, entre outros, MANUEL DE ANDRADE, *Teoria geral da relação jurídica*, II, *Facto jurídico, em especial negócio jurídico*, Coimbra, 1964, p. 115 s; J. OLIVEIRA ASCENSÃO, *Direito Civil. Teoria Geral*, I, *Introdução. As pessoas. Os bens*, Coimbra, 1997, p. 187; R. PINTO DUARTE, *Efeitos da declaração da insolvência quanto à pessoa do devedor*, Themis, 2005, ed. esp., p. 131 ss (p. 141); M. ROSÁRIO EPIFÂNIO, ob. cit., p. 109 s.

[114] C. MOTA PINTO, *Teoria geral do direito civil*, cit., p. 255; PAIS DE VASCONCELOS, *Teoria geral do direito civil*, cit., p. 380.

[115] Acórdão da Relação de Guimarães, de 12.05.2016; M. ROSÁRIO EPIFÂNIO, ob. cit., p. 235 (património separado); PRATA, CARVALHO & SIMÕES, ob. cit., p. 152 (implicitamente); L. MENEZES LEITÃO, *Direito da Insolvência*, 3ª ed., Coimbra, 2011, p. 99 (património de afetação).

situações jurídicas que, em concreto, integram a massa insolvente. É precisamente esta falta de poder que carateriza a ilegitimidade (*supra* nº 3-I).

Segundo a opinião maioritária, a ineficácia é relativa, afetando apenas os efeitos perante a massa insolvente[116]. Esta tese era suportada pela expressão "negócios [...] inoponíveis à massa falida", que constava do artigo 155º, nº 1, do Código dos Processos Especiais de Recuperação da Empresa e de Falência, de 1993. Como a expressão desapareceu na lei vigente, ficando aberta ao aplicador a escolha entre as soluções possíveis, parece-me (agora[117]) preferível a tese inversa, que sustenta a ineficácia absoluta[118]. A justificação é a seguinte.

Entre a alienação de coisa alheia e a prática pelo insolvente de atos relativos a direitos da massa insolvente há uma certa semelhança: pela perda de poderes de administração e de disposição relativos a bens que podem deixar de ser seus, estes estão, para o insolvente, até à liquidação e porventura para sempre, em posição semelhante a bens alheios. Mas há uma notável diferença: o insolvente não pode, com toda a probabilidade, validar ou tornar eficaz o ato praticado, porque não pode promover a aquisição de direitos pelo pretenso adquirente[119]. Não estando em situação de, em tempo útil, se obrigar a validar ou tornar eficiente o ato que é ineficaz para a massa insolvente, não faria sentido considerar que esse ato seja para si eficaz. Nestas circunstâncias, o ato também não será eficaz para a contraparte, porque a eficácia ficaria sem destinatário e sem conteúdo. Logo, a ineficácia é absoluta, sem prejuízo de responsabilidade pré-contratual do insolvente que a tenha culposamente provocado.

Só há um meio de obter a eficácia destes atos. É a ratificação pelo administrador da massa insolvente[120], que extirpa a ineficácia pela raiz. A ratificação tem fundamento na aplicação analógica do artigo 268º, nº 1, que tende a ser de aplicação geral às situações de ineficácia (*infra* nº 27-IV).

[116] Assim, entre outros, OLIVEIRA ASCENSÃO, ob. cit., p. 186; CARVALHO FERNANDES & LABAREDA, *Código da Insolvência e da Recuperação de Empresas anotado*, Lisboa, 2008, p. 341; PRATA, CARVALHO & SIMÕES, ob. cit., p. 232; M. ROSÁRIO EPIFÂNIO, ob. cit., p. 101 ss; acórdão da Relação de Guimarães, de 12.05.2016, já citado.

[117] Alterando a opinião subjacente ao que escrevi na p. 28 do meu artigo *Invalidade, inexistência e ineficácia*, Católica Law Review, vol. I, nº 2, 2017, p. 9 ss.

[118] J. M. COUTINHO DE ABREU, *Curso de direito comercial*, I, 10ª ed., Coimbra, 2016, p. 147; A. SOVERAL MARTINS, *Um curso de Direito da Insolvência*, 2ª ed., Coimbra, 2016, p. 144.

[119] A disponibilidade de bens, consequente de excesso do ativo para pagar o passivo, verificada no encerramento do processo de insolvência, é remota e, em Portugal, muito rara.

[120] CATARINA SERRA, *O novo regime português da insolvência. Uma introdução*, Coimbra, 2004, p. 29; PRATA, CARVALHO & SIMÕES, locs. cits.; H. E. HÖRSTER, *A parte geral do Código Civil português. Teoria Geral do Direito Civil*, Coimbra, 1992, p. 500; contra, MENEZES LEITÃO, ob. cit., p. 164, nota 190.

9. Incompatibilidades pessoais

I. Com a extensão da ilegitimidade da relação pessoa-objeto para a relação pessoa-conteúdo (ver *supra* nº 3), o conceito passa a abranger também *incompatibilidades* entre pessoas determinadas (*intersubjetivas*) para a prática de uma classe de contratos e de outros atos jurídicos. É o que sucede nas relações a seguir indicadas.

Para o casamento, os *impedimentos dirimentes relativos* (artigo 1602º) resultam de relações pessoais atuais (parentesco e afinidade, nas alíneas a), c) e d) ou passadas (alíneas b). Apesar de o artigo 1600º os incluir entre as incapacidades, com a consequente *anulabilidade* (artigo 1631º, alínea a), a melhor qualificação é a ilegitimidade[121], porque aqueles impedimentos só se verificam em razão de relações entre pessoas determinadas, o que não sucede nos impedimentos dirimentes absolutos (artigo 1601º) que se configuram como verdadeiras incapacidades para celebrar o casamento com qualquer pessoa.

São proibidos e *nulos* os atos de que resulte a *participação em sociedades* comerciais em que ambos os cônjuges assumam responsabilidade ilimitada (CSC, artigo 8º, nº 1), assim como os contratos de compra e venda e de sociedade civil entre cônjuges não separados judicialmente (artigo 1714º, nºs 2 e 3). Todas estas proibições se destinam assegurar a imutabilidade das convenções antenupciais[122]. São também casos de ilegitimidade interpessoal.

Incompatibilidades funcionais, no âmbito do direito privado, verificam-se, por exemplo, em relação à participação no conselho fiscal de sociedades anónimas (CSC, artigo 414º- A) e na direção de associação sindical ou de empregadores (CT, artigo 446º, nº 1). Como os fundamentos destas incompatibilidades residem em relações, diretas ou indiretas, do eventual titular do cargo com a sociedade ou com sociedades determinadas (no caso do conselho fiscal) ou com determinadas associações, deve concluir-se pela qualificação como ilegitimidade. As incompatibilidades para exercer funções no conselho fiscal de sociedades anónimas geram *nulidade*, se forem originárias, e *caducidade*, se forem supervenientes (nºs 3 e 2 do mesmo artigo 414º-A).

A lei qualifica como *indisponibilidade relativa* a proibição de fazer doação ou testamento a favor de certas pessoas com quem o doador ou testador estiveram, ou estão, em relação de dependência ou inferioridade, física ou afetiva (médico, tutor, sacerdote), ou de adultério (artigo 953º, 2192º a 2198º). Estruturalmente semelhante é a proibição, em regra, de transmissão de direitos litigiosos (artigos 579º a 581º, 588º, 876º e 939º), se o adquirente for profissional judicial com

[121] PEREIRA COELHO & GUILHERME DE OLIVEIRA, *Curso de direito da família*, I, cit., p. 251; DUARTE PINHEIRO, *O Direito da Família...*, cit., p. 405.

[122] REMÉDIO MARQUES, *Código das Sociedades Comerciais em comentário*, vol. I, cit., p. 135 ss.

atividade na área onde decorre o processo para a resolução do litígio (artigos 579º e 581º).

São mais duas situações de ilegitimidade, porque a indisponibilidade relativa decorre de relações pessoais, efetivas ou potenciais, em circunstâncias que a lei circunscreve a situações pontuais. A consequência é a *nulidade* (artigos 2192º a 2198º, para o testamento, aplicável à doação por remissão do artigo 953º, e artigo 580º, aplicável à transmissão de direitos litigiosos).

Também na *procuração* se podem estabelecer limitações pessoais (por exemplo, só vender ou não vender a determinada pessoa). A inobservância pelo procurador desta delimitação pessoal gera ilegitimidade por violação dos poderes de representação e a consequente *ineficácia* (*supra* nº 4-I).

II. *Incompatibilidades intra-subjetivas.* Este é o mais curioso caso de ilegitimidade, que consiste em o estatuto de uma pessoa ser impeditivo de outro estatuto ou de titularidade de certas situações jurídicas.

A primeira destas hipóteses verifica-se, por exemplo, na incompatibilidade da função de administrador com a função de membro do conselho fiscal ou do conselho geral da mesma sociedade (CSC, artigos 414º-A, nº 1, alínea b) e 437º). Pode duvidar-se se a sanção para a segunda designação é a nulidade[123] ou a ineficácia e se abrange ou não a primeira designação (esta por caducidade).

A segunda hipótese ilustra-se com os limites à subscrição e à aquisição de ações[124], quotas e obrigações próprias (CSC, artigos 316º a 325º-A, 220º, 354º), de tal modo que a sociedade fique sócia ou credora de si mesma, em situação equivalente à redução do capital social.

Os efeitos da violação destas regras são complexos. Nalgumas hipóteses (subscrição ou aquisição de ações próprias por terceiros que agiram por conta da sociedade, aquisição de ações não liberadas, aquisição de quotas próprias[125]), a sanção é a *nulidade.*

Se não for este o caso, suspendem-se os direitos inerentes, ficam indisponíveis reservas sociais de igual montante e, se a sociedade não as alienar no prazo de um ano, as ações são extintas, com a (con)sequente redução do capital social[126].

[123] É esta a opinião de G. FIGUEIREDO DIAS, *Código das Sociedades Comerciais em comentário*, cit., vol. VI, 2013, p. 555 s, que qualifica a situação como causa de ilegitimidade.

[124] Para desenvolvimentos, ver RAÚL VENTURA, *Auto-participação da sociedade: as acções próprias*, Revista da Ordem dos Advogados, 1978, II, p. 217 ss, III, p. 429 ss; B. F. FREITAS RIBEIRO, *As Ações Próprias e o Capital Social*, 2013, https://repositorio.ucp.pt/bitstream/10400.14/16790/1/Disserta%C3%A7%C3%A3o_BrunoRibeiro.pdf.

[125] Ver, respetivamente, artigos 316º, nº 6, 318º, nº 2, e 220º do CSC.

[126] Ver, respetivamente, artigos 354º, 324º, nº 1, e 323º, nºs 2 e 3, do CSC.

A suspensão de direitos e a extinção (dita anulação) de ações são consequências inseríveis no âmbito da *ineficácia stricto sensu*.

III. *Seguro sem interesse*[127]. O segurado, credor potencial do segurador, pode, em abstrato, ser qualquer pessoa, mas tem de ser, em concreto, alguém que tenha interesse no seguro. O interesse é, no contrato de seguro, uma exigência que concretiza o requisito de legitimidade[128], relacionando uma pessoa (o segurado) com a entidade (coisa, património ou pessoa) a que o risco se refere. É um requisito de compatibilidade entre dois elementos do contrato – por um lado, o segurado, por outro lado, um direito, uma obrigação ou um bem pessoal do segurado. O interesse do segurado é o interesse em que não se verifique o evento adverso, tipicamente, que não haja extinção ou desvalorização de um bem, do património ou da pessoa do titular.

Na lei portuguesa vigente (artigo 43º da Lei do Contrato de Seguro), a falta de um interesse do segurado, digno de proteção legal relativamente ao risco coberto, é sancionada com a *nulidade* do contrato.

10. Sobre a relação entre (i)legitimidade e titularidade

I. *Em geral*. No primeiro grupo de casos estudado (atos atributivos de poderes para a criação ou a extinção de efeitos para outrem; nºs 4 a 6), confirma-se a tendencial coincidência entre legitimidade e titularidade (cfr. nº 3) e, em consequência, a ilegitimidade derivada de o agente não coincidir com o titular da situação jurídica afetada ou não estar por este legitimado.

Mas não são despiciendas as exceções no sentido da ampliação da legitimidade. No instituto da representação, há a considerar as hipóteses em que a aparência de poderes substitui a existência destes. Na alienação e oneração de bens alheios, a falta de titularidade produz sempre ilegitimidade para efeitos em relação ao titular, mas é extenso o conjunto de casos em que o ato de alienação produz efeitos nas relações entre o agente e a contraparte. Na criação de direitos e na extinção de obrigações de outrem, são múltiplas as hipóteses em que a legitimidade é conferida a quem não é, ou será, titular da situação jurídica – no contrato a favor de terceiro, na promessa pública, nas garantias unilaterais, na normal admissibilidade da prestação por terceiro.

No segundo grupo de casos (ilegitimidades impeditivas da criação de efeitos para o próprio; nºs 7 a 9), compreendem-se três subgrupos:

[127] Cfr. vol. III, nº 23-IV. Desenvolvidamente, M. LIMA REGO, *Contrato de seguro e terceiros. Estudo de Direito Civil*, Coimbra, 2010, p. 172 ss.

[128] Próximo, J. M. ALVES DE BRITO, *Seguro marítimo de mercadorias: descrição e notas ao seu regime jurídico*, Coimbra, 2006, p. 62.

1º as ilegitimidades não relacionadas com uma questão de titularidade (incompatibilidades pessoais), que acrescentam mais um argumento para recusar o rigor de uma construção da (i)legitimidade baseada apenas na titularidade;
2º a ilegitimidade do insolvente, que é *sui generis* por impedir a prática de atos relacionados com um património que já pertenceu ao titular (e que a ele pode em parte regressar), mas está separado em benefício de terceiros;
3º a ilegitimidade por falta de consentimento do titular, que, por ser mais complexa e diversificada quanto às relações entre (i)legitimidade e titularidade, merece uma análise mais pormenorizada.

II. *Em especial, nos casos de necessidade de consentimento do titular.* Tal como na representação, o consentimento (ou a autorização, quando equivalente a este) confere legitimidade a pessoas diferente do titular, porque, e só porque, o titular permite a atuação de outrem em relação a situações jurídicas que lhe são próprias. Na representação, o agente atua em nome e no interesse do titular; com consentimento, atua em seu nome e no seu interesse. Neste quadro, o consentimento (ou a autorização) é geralmente admissível como meio de beneficiar quem não é titular[129-130].

A titularidade de quem consente (ou autoriza) é única nos direitos de personalidade e de propriedade, na posição contratual e na situação jurídica, ativa e passiva, dos sócios. É conjunta se houver contitularidade ou comunhão.

Dúvidas sobre a (i)legitimidade podem surgir em situações jurídicas em que há partilha de faculdades sobre uma mesma coisa (diferentes da contitularidade ou da comunhão) ou conflito de direitos. A lei toma partido quando exige o consentimento de um dos titulares para a obtenção de uma vantagem pelo outro.

Nos exemplos legais, o direito real (ou equiparado) tende a prevalecer sobre o direito pessoal de gozo temporário: necessidade de consentimento do locador para a sublocação, o comodato e a realização de obras pelo locatário; consentimento do depositante para o uso da coisa depositada pelo depositário ou por outrem; consentimento do comodante para a utilização por terceiro da coisa dada em comodato; consentimento do titular para o licenciado conceder sublicença de direitos da propriedade industrial.

Nas relações de trabalho, o poder do empregador prevalece sobre a liberdade do trabalhador que carece de consentimento para o exercício de atividade remunerada durante as férias e para a dispensa de trabalho suplementar;

[129] Assim se responde à questão colocada por AZEVEDO RAMALHO, *Da legitimidade...*, cit., p. 342 ss.

[130] Na criação de laços de filiação (cfr. nota 104), a questão não se pode pôr nestes termos, sendo predominante ou exclusivo o interesse do filho, por adoção ou perfilhação.

mas o trabalhador goza sem restrições de um conjunto de direitos pessoais (direitos fundamentais, descanso semanal, férias, proteção da maternidade e outros).

Num caso (isolado) de conflito entre direitos reais, a lei exige o consentimento do usufrutuário para que o proprietário constitua servidões que diminuam o valor do usufruto.

Estes exemplos, que não passam disso mesmo, podem servir de orientação para decidir sobre a (des)necessidade de consentimento do titular de uma situação jurídica que, de algum modo, seja partilhado ou esteja em conflito com outra situação jurídica com diferente titular.

Em qualquer caso (recorda-se), o consentimento (ou a autorização) decorrente da legitimidade compete sempre ao titular da situação jurídica diretamente afetada pelo ato. Os atos de afetação reflexa podem ser também objeto de autorização ou sofrerem de ineficácia, derivada (não de ilegitimidade, mas) de um fundamento (indiferenciado, heterogéneo e residual) por incompletude dos pressupostos do ato (cfr. adiante no nº 21).

III. *Súmula acerca dos fundamentos de ilegitimidade.* Sem concordância ou permissão do titular, sofrem tendencialmente de ilegitimidade os atos praticados por pessoa diferente do titular em desvantagem deste, seja por extinção de direitos seja por criação de obrigações. A legitimação faz-se por contrato[131], por atribuição de poderes representativos ou por consentimento unilateral.

Os atos praticados em vantagem do titular (criação de direitos ou extinção de obrigações), sem o seu assentimento, só sofrem de ilegitimidade se a atribuição patrimonial do agente ao beneficiário se fizer por ato direto com função de liberalidade[132]. Esta asserção, limitativa do âmbito da ilegitimidade e do brocardo *invito non datur beneficium*, resulta, pela positiva, da atual ampla admissibilidade do contrato a favor de terceiro, da promessa pública, das garantias prestadas por ato unilateral e do pagamento por terceiro e, pela negativa, da exigência contratual da doação, da remissão de dívida e da promessa individualizada.

Para outros casos de ilegitimidade – atos do insolvente, incompatibilidades pessoais, falta de consentimento em caso de partilha de faculdades sobre uma mesma coisa ou conflito de direitos – não é possível a formulação de regras ou explicações genéricas. É necessário descobrir na lei os diversos fundamentos e contornos.

[131] Que é afinal o fundamento da ordem e mesmo do contrato a cargo de terceiro. O casamento, com a consequente comunhão de vida, justifica a comunicabilidade de dívidas contraídas por um só dos cônjuges (ver nº 6-I).

[132] Ato direto, porque o mesmo efeito se pode obter com o contrato a favor de terceiro.

Não há pois correlação estrita, bilateral ou mesmo unilateral, entre ilegitimidade e falta de titularidade. À unidade concetual da ilegitimidade não corresponde unidade de fundamentos e de efeitos (*infra* nº 11). Não é de estranhar, porquanto o mesmo sucede em relação à invalidade (vol. V, §§ 2º e 3º), que é um instituto com raízes bem mais antigas.

11. Consequências da ilegitimidade

I. São muitos e muito relevantes os casos em que a ilegitimidade do ato redunda na sua *ineficácia em sentido estrito*[133]. Umas vezes, a ineficácia é absoluta ou *erga omnes*, isto é, invocável por qualquer interessado; outras vezes, é relativa, dita inoponibilidade, se a invocabilidade é limitada a uma só pessoa ou a um círculo restrito de pessoas. Este aspeto será desenvolvido no nº 25-I.

II. Também frequente é a cominação de *nulidade* como consequência da ilegitimidade.

O caso mais relevante verifica-se na alienação de bens alheios por contrato civil, embora a sua aplicabilidade seja restrita e atípico o regime de invocabilidade (*supra* nº 5-II, III e IV, *in fine*). A nulidade é igualmente a sanção civil para a disposição de parte especificada da coisa em compropriedade por um dos comproprietários sem consentimento dos outros, para a constituição de direitos reais menores de gozo sobre coisa alheia e, parece, para o arrendamento de prédio indiviso (nºs 5-V e 7-II).

Em qualquer destes casos, a nulidade é relativa, entre as partes, porque, em relação ao titular do direito, a consequência é a ineficácia *stricto sensu*.

Os outros casos de nulidade por ilegitimidade, que a lei estatui, são dispersos quanto ao instituto em causa, mas quase todas se reconduzem a incompatibilidades ou situações similares, a saber (cfr. nºs 4-II, 7-III e 9):

- aquisição de bens do pupilo, assim como para outros atos proibidos ao tutor;
- negócios do administrador com a sociedade e do sócio com a sociedade unipessoal;
- participação em sociedades comerciais em que ambos os cônjuges assumam responsabilidade ilimitada, assim como os contratos de compra e venda e de sociedade civil entre cônjuges não separados judicialmente;
- indisponibilidades relativas aplicáveis ao testamento, à doação e à transmissão onerosa de direitos litigiosos;

[133] Incluindo a caducidade, que é uma das modalidades de cessação de ineficácia (nº 16-I). É o que ocorre, por ilegitimidade, em consequência de incompatibilidades supervenientes para o exercício de cargos sociais (*supra* nº 9-I e II).

- incompatibilidades originárias para cumular funções orgânicas na mesma sociedade;
- subscrição ou aquisição de ações próprias por terceiros que agiram por conta da sociedade, aquisição de ações não liberadas, aquisição de quotas próprias;
- falta de interesse do segurado.

III. A lei oscila pois entre a ineficácia e a nulidade como consequências da ilegitimidade. Mas também comina *outras consequências.*

A *anulabilidade* é a consequência fixada para os seguintes atos (cfr. nºs 4-II, 7-III e IV, 9-I):

- atos praticados pelos representantes legais sem autorização do tribunal, quando exigida;
- atos de administração extraordinária, de alienação ou de oneração de bens comuns e relacionados com a casa de morada da família praticados apenas por um dos cônjuges;
- negócios consigo mesmo;
- casamento celebrado com impedimentos dirimentes relativos.

Para as operações efetuadas sem a devida permissão do titular do direito (*supra* nº 7-VI), nenhumas destas consequências é admissível, porque todas elas (ineficácia, invalidade, caducidade) são apropriadas apenas para atos declarativos. Os meios adequados de reação do titular são, em exclusividade ou cumulação, conforme os casos a exigência de *indemnização,* a reconstituição da situação *ex ante,* a ação preventiva, inibitória ou executiva, a ação direta e a sanção disciplinar.

A indisponibilidade de reservas sociais (nº 9-II) é uma consequência atípica da ilegitimidade.

IV. *Súmula acerca das consequências da ilegitimidade.* Esta diversidade de consequências legais advém do incipiente aprofundamento da ilegitimidade e da errática política legislativa a este respeito. Salvaguardada a necessidade de efeitos apropriados à natureza das operações não consentidas, a consequência normal da ilegitimidade haveria de ser a ineficácia em sentido estrito. A nulidade haveria ser circunscrita a atos especialmente reprováveis. A anulabilidade é uma consequência imprópria para a ilegitimidade.

Do estudo horizontal dos casos de ilegitimidade parece-me resultar que, na dúvida sobre a consequência no direito vigente, se deve optar pela ineficácia em sentido estrito, servindo de modelo o regime da falta de poderes de representação, sempre que a ilegitimidade resulte de falta de assentimento do titular. Na verdade, é este o regime mais apropriado para proteger o eventual interesse deste em manter o ato, usando o direito potestativo de o ratificar.

Esta extensão de regime não vale porém para os casos de atos do insolvente e de incompatibilidades pessoais, em que o interesse público ou de terceiros não aconselha a liberdade de ratificação por qualquer dos interessados diretos.

§ 3º SUSPENSÃO E CESSAÇÃO DE VIGÊNCIA

12. Suspensão de vigência

I. A *suspensão* da vigência (ou eficácia) de atos jurídicos, isto é, a supressão temporária de algum dos seus efeitos essenciais, pode ser *inicial* ou *superveniente*. A suspensão inicial é endógena, porque o evento que a desencadeia consta do próprio ato. Resulta de condição suspensiva ou de termo inicial, circunstâncias já estudadas no vol. IV, nºs 17 e 18, no que respeita à ocorrência, licitude e consequências, antes e depois da sua verificação. Para aí agora se remete. O que se segue tem em vista, com particular referência ao contrato, a suspensão superveniente de eficácia, como consequência de um facto posterior e geralmente exógeno em relação ao contrato.

II. Os *eventos de suspensão superveniente* de eficácia verificam-se em contratos duradouros, com destaque para o contrato de trabalho, e noutros contratos de execução diferida. Distribuem-se pelas seguintes categorias: o acordo superveniente, a verificação de factos previstos no contrato, a decisão unilateral no exercício de um direito potestativo, a decisão judicial cautelar, a impossibilidade ou a dificuldade temporária de efetuar a prestação e a aplicação de norma legal imperativa. Só se consideram a seguir eventos justificados pelo contrato, pela lei ou por decisão judicial. A suspensão injustificada é um ato de incumprimento, com as consequências próprias deste.

O acordo superveniente de suspensão e a verificação de factos previstos no contrato podem ocorrer em quaisquer contratos em que a execução total não seja imediata. O acordo superveniente está previsto no Código do Trabalho para a licença sem retribuição, concedida ao trabalhador, a pedido deste (artigo 317º) e, de modo mais genérico, no artigo 294º, nº 2, alínea b) ("acordo entre trabalhador e empregador"), mas é igualmente possível, por exemplo, em contratos de empreitada[134]

[134] Modalidades próximas do acordo estão previstas no Código dos Contratos Públicos, frequentemente aplicável, por remissão, a contratos privados de empreitada: "o dono da obra pode ainda autorizar a

ou de franquia. Constitui uma livre modificação consensual do contrato, admitida em geral pelo artigo 406º, nº 1. É também a liberdade de estipulação contratual que permite a suspensão por efeito de eventos que o próprio contrato prevê, o que é provável, por exemplo, em contratos de empreitada e em acordos parassociais. É especialmente referida na lei em relação ao contrato de seguro[135].

A decisão unilateral no exercício de um direito potestativo por iniciativa do obrigado é bem evidente na invocação da exceção de incumprimento do contrato (artigos 428º e seguintes), que, respeitando os requisitos legais, suspende a sua obrigação até ao cumprimento pela outra parte, com efeito para os contraentes sucessores (artigo 431º). Concretizam esta exceção os artigos 294º, nº 3, e 325º a 327º do Código do Trabalho, que justificam a "suspensão de contrato de trabalho por iniciativa de trabalhador, fundada em falta de pagamento pontual da retribuição", e o artigo1168º, que prevê a suspensão da execução do mandato "enquanto o mandante estiver em mora quanto à obrigação" de fornecer ao mandatário os meios necessários à execução do mandato (cfr. artigo 1167º, alínea a).

O contrato de trabalho também se suspende quanto à prestação do trabalhador durante licenças (Código do Trabalho, artigos 37º a 44ºe 65º) e férias (artigo 237º e *passim*), cujo gozo resulta de direitos potestativos dos trabalhadores. Mais radical é o efeito da greve, direito coletivo que "suspende o contrato de trabalho de trabalhador aderente, incluindo o direito à retribuição e os deveres de subordinação e assiduidade" (mesmo Código, artigo 536º, nº 1)[136].

O direito potestativo de suspender a prestação da contraparte é menos comum. Mas há exemplos em contratos em que uma das partes dispõe de um poder especial sobre a outra: a sanção disciplinar de "suspensão do trabalho com perda de retribuição e de antiguidade" (Código do Trabalho, artigo 328º, nº 1, alínea e); a suspensão da execução dos trabalhos pelo dono da obra no contrato de empreitada de obras públicas (para cujo regime se remete com frequência em contratos privados) por "falta de condições de segurança" e noutros casos previstos no artigo 365º do Código dos Contratos Públicos.

O efeito suspensivo de ato de outrem pode também ser alcançado por decisão judicial cautelar. Fora do âmbito dos contratos, há processos especiais para a

suspensão da execução dos trabalhos se a mesma não comprometer o termo final de execução da obra e não implicar a assunção de novos encargos da sua parte" (artigo 367º); "o empreiteiro pode suspender, uma vez em cada ano, no todo ou em parte, a execução dos trabalhos por um período não superior a 10 dias seguidos, desde que o dono da obra não se oponha de forma expressa" (artigo 366º, nº 1).

[135] Artigo 37º da respetiva Lei: "Texto da apólice" [...] nº 3 - A apólice deve incluir, ainda, escritas em caracteres destacados e de maior dimensão do que os restantes: a) as cláusulas que estabeleçam causas de invalidade, de prorrogação, de *suspensão* ou de cessação do contrato por iniciativa de qualquer das partes".

[136] Assim, quanto a licenças e à greve, M. ROSÁRIO RAMALHO, *Tratado de Direito do Trabalho. Parte II – Situações laborais individuais*, 5ª ed., Coimbra, 2014, p. 727, 730 ss,734 s.

suspensão de deliberações sociais (Código de Processo Civil, artigos 381º a 383º) e para a suspensão de eficácia de ato administrativo (Código de Processo nos Tribunais Administrativos, artigo 112º, nº 2, alínea a). Para obrigações contratuais, podem usar-se o embargo de obra nova (Código de Processo Civil, artigos 397º e seguintes) e providências cautelares não especificadas (mesmo Código, artigos 362º e seguintes), requeridas pela contraparte (por exemplo, suspensão da execução de prestação de facto infungível) ou por terceiro (por exemplo, suspensão de pagamento de garantia bancária autónoma).

A impossibilidade temporária, prevista em geral no artigo 792º, justifica o atraso da prestação, enquanto, atenta a sua finalidade, se mantiver o interesse do credor. O retardamento casual[137] não extingue a obrigação nem gera os efeitos comuns da mora do devedor. Determina antes a suspensão[138] da exigibilidade da obrigação.

Sendo superveniente, a impossibilidade temporária tem como alvo de aplicação prestações de facto não monetárias[139], derivadas de contratos de execução diferida ou periódica e de contratos duradouros[140], por exemplo, respetivamente, contratos de compra e venda e de trabalho.

São fundamentos de suspensão do contrato por facto respeitante ao trabalhador:

1º o impedimento temporário que não lhe seja imputável e se prolongue por mais de um mês, nomeadamente doença, acidente, cumprimento de obrigações legais e exercício de funções públicas e sindicais incompatíveis com a prestação de trabalho[141];

2º a impossibilidade ou a inconveniência de transferência para outro estabelecimento, pedida pelo trabalhador que seja vítima de violência doméstica (Código do Trabalho, artigos 296º e 195º).

[137] I. GALVÃO TELLES, *Direito das Obrigações*, 7ª ed., Coimbra, 1997, p. 323.

[138] MONTEIRO PIRES, *Impossibilidade da prestação*, cit., p. 224, que diz também "paralisação", tal como GALVÃO TELLES, ob. cit., p. 327.

[139] Enquanto subsistir a artificiosa construção segundo a qual o dinheiro é um bem inesgotável, não sendo a falta dele justificação para o incumprimento de obrigações pecuniárias (assim, por exemplo, MENEZES LEITÃO, *Direito das obrigações*, vol. II, cit., p. 122, nota 246; J. C. BRANDÃO PROENÇA, *Lições de cumprimento e não cumprimento das obrigações*, Coimbra, 2011, p. 177).

[140] Contra a aplicação direta do artigo 792º a contratos duradouros, R. CANAS DA SILVA, *Suspensão laboral. Ausência temporária da prestação de trabalho*, Coimbra, 2017, p. 251 ss, com o argumento de que, naqueles contratos, o adiamento significa com frequência a perda irremediável das prestações atingidas. Mas, em minha opinião, tal não afasta a aplicação do artigo 792º, porque a suspensão ou a extinção das obrigações é aferida pelo interesse do credor, que pode subsistir mesmo quando o contrato seja cumprido noutro tempo ou até só parcialmente cumprido.

[141] CANAS DA SILVA, ob. cit, p. 523 ss.

As faltas justificadas do trabalhador (artigo 249º, nº 2, do mesmo Código) implicam também a suspensão lícita da prestação de trabalho.

Em algumas destas hipóteses, a impossibilidade não é absoluta, sendo relativo e flexível o critério da inexigibilidade, conforme a consciência social dominante[142].

São fundamentos de suspensão por facto respeitante ao empregador ou à empresa:

1º a necessidade de assegurar a viabilidade da empresa e a manutenção de postos de trabalho, em situação de crise empresarial (Código do Trabalho, artigo 294º, nº 2, alínea a), por motivos de mercado, estruturais ou tecnológicos, catástrofes ou outras ocorrências que tenham afetado gravemente a atividade normal da empresa (artigo 298º, nº 1) ou de empresas em situação económica difícil ou em processo de recuperação (nº 3 do mesmo artigo);

2º o caso fortuito ou de força maior (artigo 309, nº 1, alínea a), que não desencadeie crise da empresa;

3º outro facto imputável ao empregador ou por motivo de interesse deste, que não respeite a situação de crise empresarial (alínea b) do mesmo nº 1) e não se configure como *lock-out* (proibido pela CRP, artigo 57º, nº 4, e pelos artigos 544º e 545º do Código do Trabalho), por exemplo, obras de beneficiação ou conservação, reestruturação técnica ou administrativa[143].

Também aqui o conceito subjacente de impossibilidade é flexível e até demasiado flexível, pela ténue linha de demarcação entre o *lock-out* proibido e o encerramento temporário da empresa por razões justificáveis. A impossibilidade do empregador pode ser absoluta ou relativa, abrangendo mesmo a dificuldade financeira, que não tem sido atendida em direito civil, mas justifica a suspensão dos contratos de trabalho com empresas em situação de crise.

A suspensão de direitos emergentes de contrato decorre finalmente da aplicação *ipso jure* de algumas normas legais imperativas, tais como o artigo 324º, nº 1, alínea a), do CSC, que suspende todos os direitos inerentes às ações próprias (cfr. *supra* nº 9-II), e o artigo 192º, nº 1, do Código dos Valores Mobiliários, que, como consequência da omissão de lançamento de oferta pública de aquisição obrigatória, inibe o exercício de direitos de voto e a dividendos inerentes às ações que excedam o limite a partir do qual o lançamento seria devido.

III. *Âmbito objetivo e temporal da suspensão superveniente.* A expressão "suspensão do contrato", usada com frequência, é quase sempre imprecisa, porque a suspen-

[142] CANAS DA SILVA, ob. cit, p. 512 s, 521, 555 s.

[143] ROSÁRIO RAMALHO, *Tratado de Direito do Trabalho. Parte II*, cit., p. 722 s.

são superveniente da eficácia, ao contrário da suspensão inicial, tem geralmente como objeto apenas uma parte dos efeitos do contrato, nomeadamente uma só das obrigações principais de que é fonte.

É assim na exceção de incumprimento do contrato, no embargo de obra nova, nas providências cautelares não especificadas, na generalidade dos casos de impossibilidade temporária da prestação (sem prejuízo da invocação pela contraparte da exceção de incumprimento). No contrato de trabalho, o que se suspende é a prestação de trabalho, com remuneração integral nas licenças legalmente devidas, nas faltas justificadas e na suspensão por impossibilidade temporária do trabalhador ou do empregador. O salário continua a ser devido na íntegra ou com redução (para esta possibilidade, ver Código do Trabalho, artigos 305º, nº 1, alínea a), e 309º, nº 1, alínea a).

A suspensão total dos efeitos essenciais do contrato ocorre em casos contados, como são a licença sem retribuição por acordo, a greve e a sanção disciplinar de suspensão do trabalho.

Em qualquer hipótese, os deveres acessórios mantêm-se, no todo ou em parte, conforme as circunstâncias[144].

O termo final da suspensão, com retoma dos efeitos normais, ocorre, conforme as circunstâncias:

- pelo decurso do prazo acordado ou unilateralmente imposto (por decisão judicial; pelo sindicato, na greve; pela entidade patronal, na sanção disciplinar);
- pela remoção do fundamento da suspensão;
- pela comunicação da cessação da causa de suspensão (por exemplo, artigo 310º do Código do Trabalho) ou por facto concludente da cessação (por exemplo, apresentação ao trabalho após doença).

A suspensão também termina, mas com consequências inversas, pela perda do interesse do credor (artigo 792º, nº 2) ou pela verificação de que não é possível a remoção do fundamento da suspensão. Então, a impossibilidade temporária transfigura-se em impossibilidade definitiva; da situação de suspensão da eficácia transita-se para a situação de cessação da eficácia.

A inibição de direitos cominada pelo artigo 192º do Código dos Valores Mobiliários vigora durante cinco anos, cessando antes se e quando for cumprido o dever de lançamento de oferta pública de aquisição ou forem alienadas ações em número suficiente para excluir aquele dever (nº 2 do citado artigo).

[144] Sobre a subsistência destes deveres durante a suspensão do contrato de trabalho, ver artigos 295º e 303º a 306º do Código do Trabalho e ROSÁRIO RAMALHO, ob. cit., p. 712 s.

13. Cessação de vigência

I. *Razão de ordem*. A cessação da vigência (ou da eficácia) de contratos e de outros atos jurídicos, isto é, a supressão superveniente e definitiva dos seus efeitos, resulta de um conjunto variado de fundamentos. O critério aqui seguido para a sua ordenação relaciona-se com o grau decrescente de realização dos efeitos programados e de autonomia contratual: primeiro, a cessação pela realização dos efeitos tal como previstos no ato e por acordos de reestruturação ou de distrate; depois, a cessação pelo exercício de direitos potestativos (revogação unilateral, resolução, denúncia); em seguida, a cessação por ocorrência de fatores puramente externos (caducidade). A dissolução, tratada a final, unifica-se enquanto resultado extintivo de institutos criados por contratos de forte cooperação, mas tem diversificados fundamentos.

Esta sequência assenta principalmente nas diferentes modalidades do ato que provoca a cessação de efeitos[145], ficando em segundo plano a diferença entre os fundamentos, contratual ou legal, da cessação[146].

Duas notas de advertência: a terminologia a este respeito é variável de direito para direito[147] e também na linguagem jurídica portuguesa; não faltam situações híbridas[148], que serão acomodadas na figura dominante.

Não se considera a invalidade por duas razões, qualquer delas suficiente para exclusão: a ineficácia de que trata primariamente este estudo é a ineficácia em sentido estrito (*supra* nº 2-II); a cessação de vigência é superveniente, por definição, enquanto a invalidade gera, em regra, ineficácia originária.

[145] Assim também no direito alemão: *Widerruf* (revogação), *Rücktritt* (resolução) *Kündigung* (denúncia). Note-se todavia que a diferença entre estes dois últimos atos assenta em critério diferente do direito português: *Kündigung* aplica-se apenas a contratos duradouros (cfr. *BGB*, §§ 313, nº 3, 2ª parte, e 314, ambos com a redação de 2001), abrangendo atos que, no direito português, se designam, em alternativa, como denúncia e como resolução. Em contratos duradouros, a resolução aproxima-se da *aussenordentliche Kündigung* ("denúncia" extraordinária) do direito alemão (ver, por exemplo, H. KÖTZ, *Vertragsrecht*, 2ª ed., Tübingen, 2012, p. 381 ss; MEDICUS & LORENZ, *Schuldrecht I. Allgemeiner Teil*, 20ª ed., München, 2012, p. 282 ss, 296 ss, 310 ss; e, antes da reforma do *BGB*, P. SCHLECHTRIEM, *Schuldrecht. Allgemeiner Teil*, 3ª ed., Tübingen, 1999, p. 213 ss). No direito italiano, é seguro traduzir *risoluzione* por resolução; *recesso* é uma palavra que, na linguagem do direito português, tem como equivalentes aproximados, conforme o contexto, a revogação, a denúncia e a desistência (cfr. artigo 1373 do *Codice Civile* e, adiante, nota 222). *Revoca* só se usa para a cessação de vigência de atos unilaterais. Cfr. SACCO & DE NOVA, *Il contratto*, Torino, II, 1999, p. 583 ss, 689 ss; F. GALGANO, *Il contratto*, Padova, 2007, p. 471 ss, 489 ss.

[146] Como é comum no direito inglês, onde a nomenclatura é mais incerta; ver, por exemplo, *ANSON's Law of contract*, 29ª ed. por Beatson, Burrows & Cartwright, Oxford, 2010, p. 459 ss, que distingue *discharge by agreement*, *by frustration*, *by breach* e *by operation of law*.

[147] Ver as duas notas anteriores.

[148] P. ROMANO MARTINEZ, *Da cessação do contrato*, Coimbra, 2005, p. 602.

O estudo incide especialmente na cessação dos efeitos do contrato, obrigacionais e outros. Quanto à condição resolutiva, ao termo final e a outros institutos analisados em volumes anteriores, para estes se remete nos lugares próprios.

II. *Realização plena dos efeitos, reestruturação, distrate.* Os contratos extinguem-se com a realização plena dos seus efeitos[149] ou do programa contratual (como também se diz[150]). Se forem obrigacionais, os efeitos do contrato cessam com o cumprimento de todas as obrigações de que o contrato é fonte ou com atos equivalentes de satisfação plena do credor ou dos credores, como são a compensação e a confusão. A extinção diferida de contratos de garantia, pessoal ou real, também se verifica pela execução desta e, sendo a garantia acessória, em consequência da extinção da obrigação garantida.

O consórcio e a associação em participação extinguem-se pela realização do seu objeto (Decreto-Lei nº 231/81, de 28 de julho, artigos 11º, alínea b) e 27º, alínea a). O comodato termina logo que finde o uso determinado para que a coisa foi emprestada (artigo 1137º, nº 1). "O contrato de seguro caduca[151] [...] sempre que se verifique o pagamento da totalidade do capital seguro para o período de vigência do contrato sem que se encontre prevista a reposição desse capital" (LCS, artigo 110º, nº1). Alguns fundamentos de caducidade podem conduzir à realização plena dos efeitos do contrato (ver *infra* nº 16-I).

A realização plena dos efeitos, com a consequente cessação de vigência, é normalmente diferida, mas pode ser imediata, em contratos apenas com efeitos reais, quando a transmissão dos direitos e a entrega do respetivo objeto sejam contemporâneas da conclusão do contrato. Assim sucede em contratos de permuta (vol. II, nº 19), de doação (vol. III, nº 3), de partilha, de divisão de coisa comum e em alguns contratos de transação (vol. IV, nºs 4 e 2-II).

Para a realização sucedânea dos efeitos de um contrato podem as partes usar contratos de *reestruturação*, que, no todo ou em parte, implicam a cessação dos efeitos do contrato reestruturado. É o caso dos contratos de concordata, de novação objetiva, de dação em cumprimento e de alguns contratos de transação[152] (vol. IV, nºs 2 e 5).

[149] J. OLIVEIRA ASCENSÃO, *Direito Civil. Teoria Geral*, III, *Relações e situações jurídicas*, Coimbra, 2002, p. 331, refere o preenchimento do fim como causa comum de extinção do negócio, mas a palavra "fim" é equívoca (vol. IV, nº 26).

[150] Por exemplo, J. BAPTISTA MACHADO, *Pressupostos da resolução por incumprimento*, Obra dispersa, I, Braga, 1991 (orig. 1979), p. 125 ss (p. 126); C. M. BIANCA, *Diritto civile*, 3, *Il contratto*, Milano, 1994, p. 696.

[151] A modalidade de extinção do contrato nesta hipótese, melhor do que caducidade, parece-me ser a realização plena dos efeitos.

[152] Algo de semelhante ao que antecede se pode ler num livro norte-americano (ROHWER & SKROCKI, *Contracts in a nutshell*, 5ª ed., St. Paul, Minn., 2000, p. 534 ss), que apresenta o seguinte elenco de modalidades de cessação do contrato (entre outras): cumprimento, contrato substitutivo, novação.

Os contraentes podem provocar a cessão de efeitos de um contrato por acordo. É um corolário da liberdade contratual, expresso no artigo 406º, nº 1, e reafirmado para alguns tipos contratuais – arrendamento urbano (artigos 1079º e 1082º), mandato (artigo 1170º, nº 2), trabalho (respetivo Código, artigo 349º), seguro (respetiva Lei, artigo 111º, nº 1), agência (artigos 24º, alínea a), e 25º, do Decreto-Lei nº 178/86, de 3 de julho), consórcio (artigo 11º, nº 1, alínea a), do citado Decreto-Lei nº 231/81). O contrato pelo qual os contraentes acordam a cessação de contrato anterior, celebrado por eles ou por seus antecessores, designa-se como *distrate* ou revogação bi- ou plurilateral[153].

No distrate, à liberdade de celebração acresce a liberdade de estipulação quanto ao tempo e à natureza dos efeitos (normalmente *ex nunc*) ou a outras consequências (cfr. nºs 3 e 4 do citado artigo 349º do Código do Trabalho), consoante as motivações e os projetos das partes. A causa do distrate é variável: de liberalidade (se da cessação resultar benefício para um só dos contraentes), de troca (se for conveniente para um dos contraentes com contrapartida para o outro, por exemplo, a favor do trabalhador ou do inquilino), de reestruturação (em conjunto com outras relações jurídicas) ou meramente negativa (por verificação consensual de que cessou a causa justificativa do contrato extinto).

III. *Revogação unilateral.* Em regra, os contratos não podem cessar por declaração unilateral, visto que devem ser cumpridos, se forem obrigacionais, e, obrigacionais ou não, só podem ser extintos, durante a sua vigência, por acordo ou com algum fundamento legal (artigo 406º, nº 1). As exceções legais que permitem a revogação unilateral de contratos[154] são escassas.

A revogação (*hoc sensu*) extingue o contrato revogado sem necessidade de invocação de fundamento, de justificação ou de motivação. É assim na revogação do contrato de mandato[155], mas apenas se este tiver sido celebrado no interesse exclusivo do mandante (artigo 1170º, nº 1). Se tiver sido celebrado com interesse concorrente ou exclusivo do mandatário ou de terceiro, só cessa por distrate ou com o acordo de terceiro, salvo ocorrendo justa causa (artigo 1170º, nº 2)[156].

[153] A lei usa "distrate" nos artigos 1410º, nº 2 (distrate de contrato de alienação) e 596º, nº 1 (distrate do contrato de transmissão de dívida) e usa "revogação" nos citados artigos 1082º do Código Civil, artigo 111º, nº 1, da LCS, e 349º do Código do Trabalho.

[154] Não se inclui neste elenco a revogação da promessa contida em contrato a favor de terceiro, que o artigo 448º admite, porque não se trata aqui de revogação do contrato. A repercussão neste da revogação da promessa depende de interpretação do contrato e do ato de revogação, sem excluir a eventualidade de extinção do contrato por caducidade (M. LIMA REGO, *Código Civil anotado*, org. Ana Prata, cit., I, p. 580).

[155] Sobre este ponto, M. JANUÁRIO GOMES, *Em tema de revogação do mandato civil,* Coimbra, 1989; A. MENEZES LEITÃO, *"Revogação unilateral" do mandato, pós-eficácia e responsabilidade pela confiança*, Estudos em homenagem ao Professor Doutor Inocêncio Galvão Telles, Coimbra, vol. I, 2002, p. 305 ss.

[156] Ver *infra* nota 203.

Apesar da distinção entre relação interna (mandato) e relação externa (procuração), o regime da revogação do mandato é homólogo do regime da revogação da procuração (artigo 265º), que é ato unilateral, e por ele atraído, como evidencia o artigo 1179º, segundo o qual a revogação e a renúncia da procuração implicam a revogação do mandato[157]. É porventura também esta conexão tendencial que explica a livre e irrenunciável revogabilidade do mandato pelo mandante, sendo a revogabilidade pelo mandatário um reflexo do direito de renúncia à procuração (cfr. artigo 265º).

Para os contratos de mandato para administração (vol. II, nº 26-IV) de sociedades comerciais por quotas e anónimas há regime próprio (CSC, artigos 257º e 403º). A destituição dos gerentes e dos administradores é livre[158], sem necessidade de fundamentação ou de justificação[159], apesar do interesse do destituído. Estas caraterísticas apontam para a qualificação como revogação unilateral[160]. A justa causa, que consiste designadamente, na violação grave dos deveres ou na inaptidão para o exercício normal das respetivas funções, só releva para excluir o dever de indemnizar.

Em qualquer destes casos, a revogação do contrato produz efeitos apenas para o futuro.

Relacionado ainda com a representação, o artigo 268º, nº 4, atribui à contraparte em contrato celebrado com pessoa sem poderes de representação a faculdade de revogar esse contrato[161]. Esta faculdade, que se aplica também à contraparte do gestor de negócios (artigo 471º), depende de dois requisitos cumulativos: que o contrato não tenha sido entretanto ratificado pelo representado ou pelo dono do negócio e que, no momento da conclusão, a contraparte ignorasse

[157] Se da interpretação do contrato de mandato não resultar conclusão diferente, designadamente se a execução do contrato de mandato se puder fazer, no todo ou e parte, sem uso de poderes de representação (HELENA BRITO & LURDES VARGAS, *Código Civil anotado*, org. Ana Prata, cit., I, p. 1460).

[158] L. BRITO CORREIA, *Os administradores das sociedades anónimas*, Coimbra, 1993, p. 380 (destituição sempre possível, com e sem justa causa); COUTINHO DE ABREU, *Código das Sociedades Comerciais em comentário*, cit., vol. IV, 2ª ed., 2017, p .126, vol. VI, p. 382 (livre destituição, que é sempre facto lícito). Mas há exceções: artigos 257º, nº 3 e 5, 403º, nº 2, do CSC.

[159] *Código das Sociedades Comerciais Anotado*, cit., p. 746, 1070.

[160] BRITO CORREIA, ob. cit., p. 375, considera que, na destituição de administradores, foram fundidas numa só figura a revogação e a resolução. Julgo porém que a desnecessidade de motivação ou de justificação aponta para a qualificação como revogação unilateral.

[161] O preceito refere ainda a faculdade de "rejeitar" o negócio, que, neste contexto, se deve entender como rejeitar o negócio unilateral, como se dizia expressamente em RUI DE ALARCÃO, *Erro, dolo e coacção – Representação...*, cit., p. 174, e ID., *Do negócio jurídico. Anteprojecto para o novo Código Civil*, Boletim do Ministério da Justiça, nº 105, 1961, p. 249 ss (p. 267).

a falta de poderes do alegado representante ou do gestor[162]. O efeito deste poder de revogação é, naturalmente, retroativo.

Revogação unilateral verifica-se também com o *resgate* total. Na vigência de contrato de seguro de vida ou de capitalização, resgate é a quantia que o tomador ou o segurado têm o direito a exigir ao segurador, tendo em conta o valor das reservas matemáticas. Chama-se também resgate a este direito potestativo ou ao seu exercício. O resgate pelo valor total implica a cessação antecipada do contrato, com efeitos prospetivos. Como o ato de resgate não exige justificação ou motivação, tem a natureza de revogação unilateral[163].

Revogação unilateral pura ocorre também no *direito de arrependimento* que, originário do regime de certos contratos de consumo[164], se estendeu ao contrato de seguro (nas situações indicadas no artigo 118º da LCS[165]) e ao contrato de trabalho (cessação do acordo de revogação do contrato, artigo 350º do Código do Trabalho)[166].

Em qualquer destes casos, um dos contraentes, protegido por lei para melhor refletir, exerce a faculdade de, em prazo determinado e sem contrapartida, se desvincular de um contrato através de declaração unilateral e imotivada. No direito do consumo, as diretivas europeias e a lei portuguesa usam, e usaram, para este instituto diferente terminologia: resolução, livre resolução, rescisão, livre revogação, renúncia, retratação; a doutrina acrescenta palavras como arrependimento, desistência e desvinculação.

Considerando a unilateralidade, o efeito retroativo e a desnecessidade de motivação, o instituto mais próximo parece-me ser o da revogação unilateral[167]. O termo "resolução", que parece agora predominante, é inadequado, porque vem

[162] Este poder não é extensivo ao representante aparente (RUI PINTO, *Falta e abuso de representação voluntária*, cit., p. 83 s) nem ao gestor de negócios. A omissão legal justifica-se pelas seguintes razões: tais pessoas foram declarantes, mas não são contraentes; a revogação seria contraditória e, portanto, tendencialmente abusiva.

[163] Sobre o que antecede, F. RIBEIRO ALVES, *Direito dos seguros. Cessação do contrato. Práticas comerciais*, Coimbra, 2015, p. 126 ss (com a qualificação de resolução); LIMA REGO, *Contrato de seguro e terceiros*, cit., p. 470; *Lei do contrato de seguro anotada*, cit., p. 371 s. Esta lei refere-se ao resgate múltiplas vezes. Para a definição e a qualificação do resgate nesta Lei, são relevantes o preâmbulo e os artigos 185º, nº 1, alínea c), 187º, nº 2, alínea b), 194º e 207º. No artigo 203º, resgate surge como equivalente a valor a restituir em caso de resolução pelo segurador.

[164] J. MORAIS CARVALHO, *Manual de Direito do Consumo*, 5ª ed., Coimbra, 2018, p. 174 ss, 231 ss, 420 ss.

[165] RIBEIRO ALVES, ob. cit., p. 89 ss.

[166] Duas notas específicas do contrato de trabalho: 1ª) a lei também concede o direito de arrependimento relativo a anteriores atos unilaterais do trabalhador: na revogação da resolução pelo trabalhador e na revogação da denúncia pelo trabalhador (artigos 397º e 402º do Código do Trabalho); 2ª) enquanto, nos contratos de consumo e de seguro, a proteção do consumidor e do tomador se reporta à formação do contrato, nos contratos de trabalho, a proteção incide na extinção do contrato.

[167] Assim escrevi, aproximadamente, no meu livro *Direito do Consumo*, Coimbra, 2005, p. 113.

sendo reservado para a extinção fundada em cláusula contratual, incumprimento ou justa causa. Quando se arrepende do contrato, o que, em rigor, o contraente revoga é a declaração contratual que antes emitiu. Mas, como o contrato é bilateral, a insubsistência de uma das declarações implica a insubsistência do contrato. É mais sugestivo e preciso (julgo) dizer que revoga o contrato do que dizer que o resolve ou que o denuncia.

Contornos bem diferentes tem a *revogação da doação* pelo doador fundada em ingratidão do donatário (artigo 970º). Para o efeito, a lei indica um conceito restrito de ingratidão: quando o donatário se torne incapaz, por indignidade, de suceder (*mortis causa*) ao doador, ou quando se verifique alguma das ocorrências que justificam a deserdação (artigo 974º, com referência aos artigos 2034º e 2166º). A revogabilidade não se aplica a doações remuneratórias, para casamento ou se o doador houver perdoado ao donatário (artigo 975º) em tempo posterior ao conhecimento da causa da ingratidão (cfr. artigo 977º). Os efeitos retroagem à data da propositura da ação de revogação (artigo 978º, nº 1). A revogação da doação não afeta terceiros que hajam adquirido, anteriormente à demanda, direitos reais sobre os bens doados, sem prejuízo das regras relativas ao registo (artigo 979º).

Esta hipótese de revogação unilateral tem perfil próximo da resolução, porque exige justa causa (a ingratidão), mas afasta-se da generalidade dos casos de resolução pela eficácia *ex nunc*[168]. A ingratidão, nos termos considerados na lei, pode considerar-se como alteração da base do negócio. A doação não exige motivação específica do doador (vol. III, nº 3-VI) nem gratidão positiva do donatário, mas não é de esperar a hostilidade deste para com o doador, revelada nas situações que a lei qualifica, para o efeito, como de ingratidão. Este enquadramento reforça e explica a semelhança da revogação da doação com a fundamentação e o regime da resolução pela alteração das circunstâncias (artigo 437º).

Finalmente, o princípio da autonomia permite que num contrato se insira uma *cláusula* atributiva do poder unilateral de revogação, em favor de qualquer das partes ou de uma só (neste caso, se passar o teste de não ser abusiva). Atendendo porém à variabilidade da nomenclatura, pode bem suceder que a dita revogação tenha afinal o sentido de denúncia ou de resolução.

14. Resolução

I. *Terminologia*. Os diversos sentidos desta palavra (resolução de um problema, decisão de uma questão ou de um litígio, resolução de um banco, extinção de vínculo contratual) advêm de uma mesma etimologia: do latim *resolvere*, que significa desatar, desligar. No âmbito da cessação dos efeitos de um contrato, resolução

[168] R. TEIXEIRA PEDRO, *Código Civil anotado*, org. Ana Prata, cit., I, p. 1201, 1206.

significa a cessação de vigência por ocorrência de uma condição resolutiva, por declaração unilateral de um dos contraentes ou por decisão judicial, em qualquer das hipóteses com fundamento nesse mesmo contrato ou na lei (artigo 432º, nº 1).

Resolução[169] significa sempre, neste contexto, um efeito extintivo e significa também o ato que produz esse efeito, se este for provocado por uma declaração. O ato de resolução distingue-se da revogação unilateral pela necessidade de fundamentação.

Com sentido próximo, mas mais impreciso, também se emprega a palavra rescisão, que vai caindo em desuso no direito português[170], mas continua a ser, noutros direitos, com diversos sentidos, uma das modalidades de cessação do contrato[171].

II. Há dois tipos bem diferentes de *cláusulas contratuais resolutivas*: a condição resolutiva, que opera *ipso jure*, e as cláusulas que atribuem o direito potestativo de resolução, cujo exercício é indispensável para que se verificam as respetivas consequências. Normalmente, só em relação a estas se diz que a resolução é convencional.

A *condição resolutiva* já foi estudada no vol. IV, nº 17, no que respeita à sua ocorrência, licitude e consequências, antes e depois da sua verificação. Para aí se remete, adicionando uma breve referência à *reversão*.

"O doador pode estipular a reversão da coisa doada. A reversão dá-se no caso de o doador sobreviver ao donatário ou a este e a todos os seus descendentes; não havendo estipulação em contrário, entende-se que a reversão só se verifica neste último caso" (artigo 960º, nºs 1 e 2).

A reversão consiste no regresso dos bens doados ao património do doador, ainda que tenham sido transmitidos a terceiros (artigo 961º), caducando os direitos reais menores de gozo ou de garantia que entretanto tenham sido

[169] A. VAZ SERRA, *Resolução do contrato*, Boletim do Ministério da Justiça, nº 68, 1957, p. 153 ss; J. C. BRANDÃO PROENÇA, *A Resolução do Contrato no Direito Civil. Do Enquadramento e do Regime*, Coimbra, 1982.

[170] Dois exemplos sintomáticos: No artigo 234º e *passim* do Decreto-Lei nº 59/99, de 2 de março, que aprovou o regime das empreitadas de obras públicas, usavam-se os termos rescisão e resolução, mas o Código dos Contratos Públicos, que revogou aquele diploma, usa apenas a palavra resolução (artigo 330º e *passim*). As alíneas d) e e) do artigo 23º da Lei n.º 54/2017, de 14 de julho, sobre o contrato de trabalho do praticante desportivo, referem como formas de cessação do contrato a resolução com justa causa por iniciativa do praticante desportivo e a denúncia por qualquer das partes durante o período experimental, enquanto as alíneas d) e e) do artigo 26º da Lei nº 28/98, de 26 de junho (agora revogada), indicavam como formas de cessação do mesmo tipo contratual a rescisão com justa causa por iniciativa do praticante desportivo e a rescisão por qualquer das partes durante o período experimental. Ver, a propósito, A. PINTO MONTEIRO, *Sobre as "cláusulas de rescisão" dos jogadores de futebol*, Revista brasileira de direito comprado, nº 38, 2010, p. 31 ss.

[171] Assim nos direitos espanhol (C. LASARTE, *Contratos*, 9ª ed., Madrid, Barcelona, 2006, p. 182 ss), italiano (GALGANO, *Il contratto*, cit., p. 541 ss) e inglês (*CHESCHIRE, FIFOOT & FURMSTON's Law of Contract*, 15ª ed. por M. P. Furmston, London, 2007, p. 352 ss).

constituídos (como se depreende do mesmo artigo). A reversão opera pois *ipso jure* e tem efeitos retroativos, com salvaguarda da posse e da administração do donatário e de terceiros[172].

Este regime confirma a natureza de condição resolutiva da reversão: cláusula que dispõe a extinção da eficácia pela verificação de um facto futuro e incerto (a sobrevivência do doador ao donatário e aos seus descendentes).

A chamada *resolução convencional* baseia-se em cláusula resolutiva não condicional com pressupostos autónomos, isto é, que não correspondam apenas à remissão, direta ou indireta, para os fundamentos de resolução legal, v. g. o incumprimento, mas que podem tomar com referência os regimes legais de resolução, para os clarificar, concretizar, agilizar ou dificultar.

A estipulação e o respetivo conteúdo são livres, admitindo-se mesmo a resolução se a coisa vendida não agradar ao comprador (artigo 924º; cfr. vol. IV, nº 17-IV). Os limites gerais são: 1º que o direito de resolução não implique a renúncia antecipada a outros direitos (artigo 809º), designadamente por exclusão do direito de exigir o cumprimento e a consequente exclusão da responsabilidade[173]; 2º que a resolução não seja abusiva, seja pela aplicação do regime geral do abuso de direito seja pelo regime próprio dos contratos de adesão (cfr., em especial, artigos 18º, alínea c), e 22º, nº 1, alínea b), do respetivo diploma).

A resolução convencional também está excluída, em especial, em contratos cujo regime, para a proteção de um dos contraentes, indica fundamentos taxativos de cessação ou de resolução pelo outro – trabalho, respetivo Código, artigos 338º a 340º e 351º; arrendamento urbano, artigo 1083º, nº 2 a 4; arrendamento rural, artigo 17º, nºs 2 e 3, do Decreto-Lei nº 294/2009, de 13 de outubro; compra e venda a prestações, artigo 934º. Também há casos em que a resolução só pode ser exercida se estiver prevista em cláusula contratual – na resolução por falta de pagamento do preço, depois da transmissão da propriedade e da entrega da coisa vendida (artigo 886º); na resolução caraterística da venda a retro (artigo 927º); na resolução da doação fundada no incumprimento de encargos pelo donatário (artigo 966º)[174]; na resolução de alguns contratos de seguro após uma sucessão de sinistros (respetiva Lei, artigo 117º).

Eis alguns exemplos de fundamentos frequentes de resolução convencional: eventos anormais e outros factos específicos indicados como justa causa de resolução; incumprimento de obrigações secundárias ou de deveres acessórios; fatores de agravamento do risco[175]; não confirmação de dados financeiros e de

172 PIRES DE LIMA & ANTUNES VARELA, *Código Civil anotado*, vol. II, cit., p. 287.

173 Sobre este ponto, ver, por todos, MENEZES LEITÃO, *Direito das Obrigações*, vol. II, cit., p. 291 ss.

174 Cfr. ROMANO MARTINEZ, ob. cit., p. 290, com construção algo diferente.

175 BRANDÃO PROENÇA, *Lições de cumprimento e não cumprimento das obrigações*, cit., p. 368 s.

outros pressupostos contratuais (vol. IV, nº 17-IX); não cooperação no dever de renegociar estabelecido em cláusula de *hardship* (vol. IV, nº 21-II); inobservância de um fim (vol. IV, nº 26-VII); alteração da composição societária de um dos contraentes; insubsistência de certas pessoas em certos cargos ("pessoa-chave"); modificações normativas.

A generalidade destes factos e destas situações tem perfil condicional: se tal acontecer ..., um dos contraentes (ou qualquer deles) tem o direito de resolver o contrato. Mas não são condições resolutivas, porque não operam por si, exigem o exercício livre do direito potestativo de resolver.

III. Os fundamentos[176] da *resolução legal* são variados e dispersos, mas podem ser agrupados em conjuntos com alguma homogeneidade.

Um destes conjuntos aglutina a resolução por alteração anormal das circunstâncias em que as partes fundaram a decisão de contratar (artigo 437º)[177] e a resolução por erro sobre a base do negócio (artigo 252º, nº 2)[178]. Em ambas as hipóteses, se trata de *perturbação da base do negócio*, originária ou superveniente[179]. Os requisitos adicionais são comuns: um positivo – grave afetação dos princípios da boa fé – e outro negativo – não estar a exigência da obrigação coberta pelos riscos próprios do contrato. Estes requisitos não são porém exigíveis no contrato de seguro em caso de diminuição ou de agravamento do risco (LCS, artigos 92º e 93º[180]) nem na resolução pelo trabalhador por "alteração substancial e duradoura das condições de trabalho no exercício lícito dos poderes do empregador" (Código do Trabalho, artigo 394º, nº 3, alínea b) nem na (dita) denúncia pelo empreiteiro, na sequência de alterações necessárias da obra, que é próxima da resolução por alteração das circunstâncias[181].

O efeito temporal da resolução por perturbação da base do negócio é diferenciado: retroativo, para o erro, tendencialmente prospetivo, para a alteração

[176] Sobre *A resolução do contrato sem fundamento*, ver a obra com este título de JOANA FARRAJOTA, Coimbra, 2015; em relação ao contrato de trabalho (ilicitude do despedimento), por todos, ROSÁRIO RAMALHO, ob. cit., p. 849 ss, 893 ss, 910 s, 926.

[177] Ver, com desenvolvimento a monografia de M. FONTES DA COSTA, *Da alteração superveniente das circunstâncias. Em especial à luz dos contratos bilateralmente comerciais*, Coimbra, 2017.

[178] Sobre a minha opinião, minoritária, no sentido de levar a sério toda a remissão do artigo 252º, nº 2, para o artigo 437º, ver vol. V, nº 15-III e, neste como noutros aspetos do regime, o meu artigo *Erro sobre a base do negócio*, Cadernos de Direito Privado, nº 43, 2013, p. 3 ss.

[179] Como é hoje expresso no § 313 do *BGB*.

[180] No sentido da inserção destes preceitos no instituto da alteração das circunstâncias, RIBEIRO ALVES, *Direito dos seguros. Cessação do contrato*, cit., p. 100 s.

[181] Cfr. ROMANO MARTINEZ, *Da cessação do contrato*, cit., p. 560 ss, sem recusar todavia a qualificação como denúncia. A qualificação como revogação unilateral (J. SERRAS DE SOUSA, *Código Civil anotado*, org. Ana Prata, cit., I, p. 1507) não é compatível com o requisito de justificação (a necessidade de alteração da obra).

das circunstâncias. A resolução por perturbação da base do negócio tem sempre como alternativa, legalmente prevista, a modificação do contrato.

Em esquema, são seis as situações-tipo[182] em que se funda a resolução por *incumprimento* do contrato[183]:

- impossibilidade superveniente parcial e definitiva não imputável ao devedor (artigo 793º, nº 2);
- impossibilidade superveniente total e definitiva imputável ao devedor (artigo 801º, nº 2);
- impossibilidade superveniente parcial e definitiva imputável ao devedor (artigo 802º);
- conversão da mora em incumprimento definitivo por perda do interesse do credor ou por não realização da prestação no prazo razoável fixado pelo credor (artigo 808º)[184];
- recusa de cumprimento declarada antes do vencimento[185] (por construção doutrinária e jurisprudencial); e
- desconformidade por prestação defeituosa[186] (com referência genérica nos artigos 799º, nº 1, e 918º[187], e aplicação específica aos contratos de compra e venda, no mesmo artigo 918º, de empreitada, no artigo 1222º, nº 1, e de compra e venda e outros de consumo, nos artigos 2º e 4º, nºs 1, 4 e 5, do Decreto-Lei nº 67/2003, de 8 de abril[188]).

[182] Há ainda casos de resolução por incumprimento, com alguma especialidade, nos artigos 1032º a 1035º e 1050º (locação), 1150º (mútuo), 1235º e 1242º (rendas perpétua e vitalícia); ver também preceitos citados na nota 195.

[183] JOANA CAMPOS, *Fundamentos da resolução por incumprimento. Comparação entre o direito português e a Convenção de Viena sobre os contratos de compra e venda internacional de mercadorias*, Themis, nº 28/29, 2015, p. 175 ss, com quadro resumo na p. 236; ver também, além das obras gerais de direito das obrigações, P. GUIA PEREIRA, *Nótulas sobre tipologia do incumprimento*, Estudos em homenagem a CFA, Coimbra, 2011, II, p. 637 ss.

[184] Quanto a estas primeiras quatro situações, BAPTISTA MACHADO, *Pressupostos da resolução por incumprimento*, cit., p. 127.

[185] É este o título do artigo que publiquei nos *Estudos em memória do Professor Doutor João de Castro Mendes*, Lisboa, s/d (mas 1995), p. 289 ss; ver também JOANA FARRAJOTA, Anticipatory breach *no direito português*, Estudos em homenagem a CFA, Coimbra, 2011, II, p. 287 ss.

[186] O § 323 do *BGB*, na redação de 2001, tem como epígrafe: resolução por prestação contratual não cumprida ou não conforme.

[187] Cfr. vol. II, nº 14; vol. V, nº 17-I.

[188] MORAIS CARVALHO, *Manual de Direito do Consumo*, cit., p. 304 ss, 323 ss. Nos locais referidos na nota anterior admiti a possibilidade de estender a conceção subjacente ao regime da venda para consumo ao regime geral da compra e venda.

Cada uma destas situações – não aplicáveis apenas a contratos com prestações recíprocas[189] – tem pressupostos diversos, mas todas se reconduzem, no essencial, ao seguinte fundamento comum: violação ou desvio importantes dos interesses subjacentes ao contrato[190], tendo em conta a gravidade do incumprimento, a perda da confiança e as finalidades do contrato[191] (abrangendo, neste último ponto, as funções eficiente e económico-social e suas subdivisões, o tipo e o subtipo contratual, os motivos, os pressupostos e os objetivos; cfr. vol. IV, nºs 26-I e 36-V)[192].

Para alcançar estes requisitos não é indispensável que haja incumprimento de uma obrigação principal. A resolução pode justificar-se por incumprimento de obrigações secundárias ou pela violação de deveres de conduta[193] que, em abstrato, são acessórios, mas, no contexto, sejam especialmente relevantes para a sustentação da confiança e a não frustração de interesses. Embora tal não tenha de constar da lei, esta apresenta alguns exemplos: o incumprimento pelo segurador de deveres de informação é, em dadas circunstâncias, fundamento para a resolução pelo tomador do seguro (respetiva Lei, artigo 23º, nº 2); as falsas declarações do trabalhador relativas à justificação de faltas são justificação para o despedimento (que é resolução do contrato de trabalho pelo empregador; Código do Trabalho, artigo 351º, nº 2, alínea f); cfr. também as alíneas c), h) e i).

Na resolução por incumprimento, a culpa só é atendível nas situações de impossibilidade superveniente imputável ao devedor (artigos 801º e 802º), sendo indiferente para os pressupostos de todas as outras[194].

A alínea a) do artigo 30º do Decreto-lei nº 178/86, de 3 de julho, apesar de ser aplicável a um tipo contratual, poderia ser generalizado como regra geral dos pressupostos da resolução: "O contrato de agência pode ser resolvido por qualquer das partes: a) Se a outra parte faltar ao cumprimento das suas obriga-

[189] Como diz MENEZES CORDEIRO, *Direito das Obrigações*, tomo IV, cit. p. 138. Nem sequer se pode dizer que se aplicam apenas a contratos sinalagmáticos na conceção alargada de "correspetividade de quaisquer atribuições" (LURDES PEREIRA & PEDRO MÚRIAS, *Sobre o conceito e a extensão de sinalagma*, Estudos em Honra do Professor Doutor José de Oliveira Ascensão, Coimbra, 2008, I, p 379 ss, p. 381), como são o mútuo oneroso, real *quoad constitutionem*, e a permuta de direitos reais. Abrange também contratos gratuitos de prestação de serviço, pelo menos, nos casos de impossibilidade superveniente e de incumprimento antecipado.

[190] BAPTISTA MACHADO, ob. cit., p. 126, escreveu: "toda a violação ou todo o desvio de certa importância do programa contratual [...], que justifique o desaparecimento do interesse do credor na manutenção da relação contratual".

[191] ID., ib., p. 131 ss, 145 ss.

[192] É fecundo comparar este fundamento comum da resolução com o conceito de *fundamental breach* usado no direito inglês (cfr., por exemplo, *CHESCHIRE, FIFOOT & FURMSTON's Law of Contract*, cit., p. 686 ss) e adaptado na citada Convenção de Viena (JOANA CAMPOS, ob. cit., p. 189 ss, 206 ss).

[193] BAPTISTA MACHADO, ob. cit., p. 141 s; BRANDÃO PROENÇA, *Lições*..., cit., p. 290. O § 324 do *BGB* permite a resolução por violação de deveres de boa fé, se já não for exigível a subsistência do contrato.

[194] BAPTISTA MACHADO, ob. cit., p. 129 s; BRANDÃO PROENÇA, ob. cit., p. 292 s.

ções, quando, pela sua gravidade ou reiteração, não seja exigível a subsistência do vínculo contratual".

IV. Para vários tipos contratuais, a lei indica a *justa causa* como fundamento de resolução do contrato. A expressão justa causa não é feliz, porque parece remeter para um conceito de justiça que, a meu ver, pertence aos domínios da ética e da política legislativa, não sendo conveniente que se intrometa na aplicação das normas jurídicas. O mais correto e eficiente é, neste âmbito, entender justa causa, em sentido amplo, como fundamento justificado de resolução. Compreenderá assim a condição resolutiva e a resolução convencional, se passarem o crivo da legalidade, assim como a perturbação da base do negócio e o incumprimento, se se verificarem os respetivos requisitos de leis conformes com a Constituição.

A "justa causa" abrange, naturalmente, os fundamentos justificados que, com essa designação, a lei descrimina taxativamente, como sucede para os contratos de consórcio e de trabalho. Uma parte desses fundamentos reconduzem-se ao incumprimento[195]; outros não[196]. Se todos esses fundamentos são justos não compete ao aplicador do direito pronunciar-se, salvo se ultrapassarem, em abstrato, os limites da constitucionalidade ou, em concreto, os limites dos bons costumes. Não é nada claro que os fundamentos de despedimento coletivo, por extinção do posto de trabalho ou por inadaptação do trabalhador sejam justos à luz de critérios éticos ou da melhor política legislativa, mas, salvo inconstitucionalidade, devem ser seguidos pelos tribunais.

A resolução, sem base no incumprimento, é também *justificada por lei*, sem usar a expressão "justa causa", em casos como a resolução de atos prejudiciais à massa insolvente praticados dentro dos dois anos anteriores à data do início do processo de insolvência (Código da Insolvência e da Recuperação de empresas, artigos 120º e seguintes)[197], a resolução do contrato de locação financeira pelo locador com fundamento na dissolução ou liquidação da sociedade locatária ou na verificação de qualquer dos fundamentos de declaração de falência do locatário (Decreto-Lei nº 149/95, de 24 de junho, artigo 18º) ou a resolução pelo tomador

[195] Decreto-Lei nº 231/81, de 28 de julho, artigo 10º, alíneas b) e c); Código do Trabalho, artigos 351º (despedimento por facto imputável ao trabalhador), 394º, nºs 2 e 3, alínea c) (resolução pelo trabalhador); Lei n.º 54/2017, de 14 de julho, sobre o contrato de trabalho do praticante desportivo, artigo 23º, nº 3.

[196] Mesmo Decreto-Lei nº 231/81, artigo 10º, alínea a) (declaração de falência ou a homologação de concordata de algum dos membros do consórcio); Código do Trabalho, artigos 359º ss (despedimento coletivo) e 394º, nº 3, alínea a), b) e d).

[197] F. GRAVATO DE MORAIS, *Resolução em benefício da massa insolvente*, Coimbra, 2008, contesta a qualificação deste instituto como resolução por justa causa (p. 191) e sustenta a sua natureza mista, com forte similitude com a resolução do direito civil e integração de mecanismos da anulabilidade e da impugnação pauliana (p. 194 ss).

do seguro de contratos abrangidos por transferência de carteira (Lei nº 147/2015, de 9 de setembro, artigo 182º).

Este enquadramento deixa sem solução o que se deve entender por "justa causa", isto é, qual é o critério da justa causa, sempre que a lei ou uma cláusula contratual indiquem, sem mais, a "justa causa" como fundamento de resolução, como sucede no artigo 1140º (comodato), nos artigos 1194º e 1201º (depósito), no artigo 30º, nº 1, do Decreto-Lei nº 231/81, de 28 de julho (associação em participação), no artigo 116º da Lei do Contrato de Seguro e no artigo 506º, nº 3, alínea c), do Código das Sociedades Comerciais, aplicável ao contrato de subordinação[198].

Observe-se preliminarmente que a justa causa inclui quase sempre o incumprimento ou a perturbação da base do negócio, mas não se esgota nestes fundamentos. Quando a lei ou o contrato referem apenas a justa causa, há a considerar também fundamentos adicionais e é para estes que se torna necessário encontrar um critério. Observe-se ainda, em consequência, que este critério, para ser autónomo, há de ultrapassar o conceito amplo de incumprimento que vem sendo adotado, pelo que se não pode reconduzir à impossibilidade culposa da prestação e não pode recorrer à perda do interesse do credor nem à perda de confiança na contraparte, enquanto testes para a avaliação do incumprimento definitivo. Também não deve sobrepor-se a critérios justificativos da denúncia.

O critério (residual) da justa causa que a doutrina e a jurisprudência predominantes vêm adotando é a inexigibilidade da subsistência do contrato, avaliada por um juízo de prognose, proporcional e adequado, quanto à inviabilidade da relação pelo período remanescente, tendo como referência o próprio contrato[199]. Por isso, a resolução por justa causa pode ser modelada no contrato, mas não em absoluto excluída[200].

O critério da inexigibilidade *tout court* é, em minha opinião, insuficiente e até circular: se a resolução tem como consequência a inexigibilidade, esta não pode ser também o seu fundamento. É necessário acrescentar qual é a justificação da inexigibilidade.

Uma boa contribuição advém da alínea b) do artigo 30º do citado Decreto-lei nº 178/86, que regula o contrato de agência, cuja fórmula pode ser generalizada

[198] "O contrato de subordinação termina: [...] c) Por sentença judicial, em ação proposta por alguma das sociedades com fundamento em justa causa". Não se diz expressamente que este modo de cessação se configure como resolução. A falta de rigor terminológico do preceito é bem evidente no nº 1: "As duas sociedades podem resolver, por acordo, o contrato de subordinação [...]".

[199] Ver uma síntese em M. LURDES VARGAS, *Escândalos no desporto e perturbação do contrato de patrocínio. A desconformidade textual da prestação*, Lisboa, 2018, p. 195 ss, com referências comparativas, doutrinárias e jurisprudenciais.

[200] F. FERREIRA PINTO, *Contratos de distribuição. Da tutela do distribuidor integrado em face da cessação do vínculo*, Lisboa, 2013, p. 413 ss.

como critério da resolução por justa causa: "Se ocorrerem circunstâncias que tornem impossível ou prejudiquem gravemente a realização do fim contratual, em termos de não ser exigível que o contrato se mantenha [...]"[201]. Os dois elementos adicionais são a impossibilidade e o grave prejuízo de realização do fim contratual, ambos, naturalmente, se não forem resultado do incumprimento ou da alteração anormal das circunstâncias. Mas nada impede que aqui intervenham os requisitos da resolução por alteração das circunstâncias, invocados para aplicação analógica[202]. A boa fé implica, neste contexto, que a manutenção do contrato redunde em desequilíbrio das posições contratuais, com frustração da confiança justificada de quem resolve o contrato. A distribuição do risco afere-se pela natureza e pelo fim contratual, impondo limites razoáveis ao sacrifício que para uma das partes resultaria da subsistência do contrato[203].

São exemplos de resolução por justa causa diferente do incumprimento: a necessidade de o comodante ou o depositante usarem a coisa, a forte redução de oportunidades de mercado para o principal no contrato de agência, a repetição de atos de incumprimento pelo segurador ou pelo tomador do seguro, cada um dos quais seria insuficiente para a resolução por incumprimento[204].

A afirmação de que todos os contratos duradouros podem ser resolvidos por justa causa[205] parece-me excessiva. A sociedade, a associação, a locação, a empreitada, o mandato têm fundamentos próprios de cessação, que não incluem a resolução por justa causa. Os contratos de trabalho, de consórcio e de locação financeira podem ser resolvidos por justa causa, mas a lei indica um elenco fechado de fatores integrantes. O direito de resolução por justa causa, tal como previsto para o contrato de agência, é extensível a outros contratos de distribuição, mas só se, em concreto, a correspondente norma legal for aplicável por analogia[206].

[201] No sentido de que este preceito contempla a justa causa, ver, por todos, A. PINTO MONTEIRO, *Contrato de agência*, 7ª ed., Coimbra, 2010, p. 136.

[202] A. PINTO MONTEIRO, *Contratos de distribuição comercial*, Coimbra, 2002, p. 146, escreveu que a resolução por justa causa comunga do mesmo tipo de preocupações subjacentes ao instituto da alteração das circunstâncias.

[203] Estes parâmetros podem ser também usados para a revogação por justa causa prevista no artigo 1170º, nº 2.

[204] Estes exemplos são sugeridos por ROMANO MARTINEZ, ob. cit., p. 362, PINTO MONTEIRO, loc. cit., e RIBEIRO ALVES, ob. cit., p. 82.

[205] M. LURDES VARGAS, ob. cit., p. 195, citando obras portuguesas, com destaque para J. BAPTISTA MACHADO, *Do princípio da liberdade contratual – anotação*, Obra dispersa, I, Braga, 1991 (orig. 1987), p. 623 ss (p. 634, nota 2). No mesmo sentido, F. FERREIRA PINTO, *Resolução dos contratos duradouros*, Código Civil. Edição comemorativa do cinquentenário, Lisboa, 2017, p. 463 ss (p. 472).

[206] M. HELENA BRITO, *O contrato de concessão comercial*, Coimbra, 1990, p. 223; PINTO MONTEIRO, *Contratos de distribuição comercial*, cit., p. 142; acórdão do STJ de 15.11.2012.

Contratos duradouros como os de locação, de empreitada, de prestação de serviço indiferenciado, de licença ou de parceria são portanto insuscetíveis de resolução com base em justa causa, em sentido restrito. Só podem ser resolvidos com fundamento em cláusula contratual ou como consequência, nos termos legais, do incumprimento ou da perturbação da base do negócio.

V. *Consequências*. Consequência comum da verificação da condição resolutiva e da declaração (judicial ou extrajudicial) da resolução (cfr. artigo 436º, nº 1) é a ineficácia do contrato entre as partes (artigos 270º e 433º, este por remissão para o artigo 289º, nº 1). A extinção do contrato e a consequente ineficácia são imediatas, retroagindo à data da formação do contrato, salvo se outro momento houver de ser considerado, tendo em conta o acordo dos contraentes, o conteúdo do contrato, a natureza deste ou a finalidade da resolução (artigos 276º e 434º). Por isso, a resolução no contrato de trabalho, por exemplo, tem efeitos meramente prospetivos.

A extinção do contrato tem uma face negativa – extinção das situações jurídicas – e uma face positiva – criação da obrigação de restituir o que tiver sido entregue (artigo 433º). Nos contratos de execução continuada ou periódica, presume-se que a resolução não abrange as prestações já efetuadas, exceto se entre estas e o facto resolutivo ou o fundamento da resolução existir um vínculo que legitime a resolução de todas elas (artigos 434º, nº 2, 277º e 439º)[207].

A resolução é geralmente total, no sentido de que abrange todo o contrato, mas pode ser parcial, como, para os casos de resolução por impossibilidade parcial, se infere dos artigos 793º e 803º, com vocação para aplicação analógica a outras hipóteses de resolução. São requisitos necessários da resolução parcial a divisibilidade das atribuições e a subsistência de interesse parcial no cumprimento do contrato. O ato de resolução parcial demonstra a auto-avaliação do interesse do resolvente, mas o interesse da contraparte não pode ser menosprezado, na devida proporção ou completamente, consoante o fundamento da resolução lhe seja ou não imputável.

A retroatividade da condição resolutiva estende-se a terceiros[208], como resulta do regime de pendência, em especial do artigo 274º, que faz depender a eficácia da disposição de direito, neste período, da eficácia do negócio condicional[209]. Também na resolução em benefício da massa insolvente os efeitos retroativos

[207] Sobre o que antecede, ver, com mais desenvolvimento, vol. IV, nº 17-VII (em relação à condição) e vol. V, nº 33-I (com referência à invalidade).

[208] MANUEL PITA, *Código Civil anotado*, org. Ana Prata, cit., I, p. 335.

[209] C. MOTA PINTO, *Teoria geral do direito civil*, cit., p. 575; HÖRSTER, *A parte geral do Código Civil português*, cit., p. 494.

abrangem quaisquer interessados[210] (artigo 126º, nº 1, do CIRE). Mas, neste caso, sendo a aquisição gratuita, a obrigação de restituir só existe, salvo ma fé, na medida do enriquecimento (nº 6 do mesmo artigo, que deve ser comparado com o artigo 289º, nº 2).

Pelo contrário, a declaração de resolução não prejudica os direitos adquiridos por terceiro, exceto se, em relação a bens sujeitos a registo, a ação de resolução houver sido registada antes do registo por terceiro (artigo 435º). Estas regras afastam-se do correspondente regime da invalidade (artigos 289º, nº 2, e 291º, nºs 1 e 3, que é aplicável entre as partes, conforme o artigo 433º), na medida em que não distinguem a aquisição por terceiro a título oneroso ou gratuito e de boa fé ou de má fé[211]. Mas, no caso concreto, alguma correção se poderá encontrar por aplicação do instituto do abuso de direito.

Os regimes dos contratos de locação, de trabalho e de seguro contêm adaptações e esclarecimentos do regime geral.

Em relação à obrigação de restituição:

"Na falta de convenção, o locatário é obrigado a manter e restituir a coisa no estado em que a recebeu, ressalvadas as deteriorações inerentes a uma prudente utilização, em conformidade com os fins do contrato" (artigo 1043º, nº 1, cfr. também artigos 1038º, alínea i), e 1044º a 1046º). "Cessando o contrato de trabalho, o trabalhador deve devolver imediatamente ao empregador os instrumentos de trabalho e quaisquer outros objetos pertencentes a este" (Código do Trabalho, artigo 342º).

O artigo 245º, nº 1, do mesmo Código, adapta a regra do artigo 434º, nº 2, do Código Civil, aplicável a contratos de execução continuada: "Cessando o contrato de trabalho, o trabalhador tem direito a receber a retribuição de férias e respetivo subsídio: a) correspondentes a férias vencidas e não gozadas; b) proporcionais ao tempo de serviço prestado no ano da cessação"[212].

Em relação ao contrato de seguro, alguns preceitos da respetiva Lei têm uma função esclarecedora[213], confirmando o que resultaria da cessação com efeitos *ex nunc*:

"A cessação do contrato não prejudica a obrigação do segurador de efetuar a prestação decorrente da cobertura do risco, desde que o sinistro seja anterior ou concomitante com a cessação e ainda que este tenha sido a causa da cessa-

[210] GRAVATO DE MORAIS, *Resolução em benefício da massa insolvente*, cit., p. 182 s.

[211] ROMANO ARTINEZ, *Da cessação do contrato*, cit., p. 214, manifestando perplexidade.

[212] Cfr. ROSÁRIO RAMALHO, *Tratado de Direito do Trabalho. Parte II*, cit., p. 949 ss, referindo ainda, entre os "efeitos acessórios da cessação do contrato de trabalho", o dever de o empregador entregar ao trabalhador um certificado de trabalho.

[213] *Lei do contrato de seguro anotada*, cit., p. 370 ss; RIBEIRO ALVES, *Direito dos seguros. Cessação do contrato*, cit., p. 58 s.

ção do contrato" (artigo 106º, nº 2). Em regra, e com ressalva dos seguros de vida, das operações de capitalização e dos seguros de doença de longa duração, "sempre que o contrato cesse antes do período de vigência estipulado há lugar ao estorno do prémio", que é "calculado *pro rata temporis*" (artigo 107º, nºs 1, 2 e 4; ver também artigo 217º).

O artigo 108º, nº 1, da mesma Lei ("a cessação do contrato de seguro não prejudica os direitos adquiridos por terceiros durante a vigência do contrato") generaliza o que resulta, para a resolução, do citado artigo 435º, nº 1.

Se a resolução se fundar em incumprimento culposo, com a ineficácia cumula-se a indemnização pelos danos causados (artigos 801º, nº 2, e 802º, nº 1)[214]. Na resolução com outros fundamentos pode haver direito a compensações a favor do trabalhador[215] e, qualquer que seja o fundamento, a uma dita "indemnização de clientela" a favor do agente, do concessionário ou do franqueado[216].

15. Denúncia

I. *Terminologia e âmbito de aplicação.* A palavra denúncia tem origem etimológica no verbo latino *denuntiare*, que significa anunciar. No direito atual, denúncia varia de sentido consoante o que se anuncia: um crime ou uma falta disciplinar, um defeito, a cessação do contrato.

Com este último sentido, a denúncia aplica-se a contratos de duração indeterminada, a contratos com renovação *ipso jure* (dita automática) sem limite de tempo[217] e a situações contratuais não duradouras especificadas na lei, a saber: denúncia pelo arrendatário do arrendamento para habitação de duração determinada (artigo 1098º, nº 3); denúncia do contrato de trabalho pelo empregador durante o período experimental (artigo 114º do Código do Trabalho); denúncia do mandato de crédito (artigo 629º, nº 2) e desistência do dono da obra (artigo 1229º)[218].

[214] Visto que, neste contexto, só se aborda a ineficácia, não se desenvolve este tópico; sobre ele, ver, por todos, P. MOTA PINTO, *Interesse contratual negativo e interesse contratual positivo*, Coimbra, 2007, p. 1604 ss; BRANDÃO PROENÇA, *Lições...*, cit., p. 300 ss. Para o contrato de trabalho, ver artigo 396º do respetivo Código.

[215] Ver os seguintes artigos do Código do Trabalho: artigos 366º (por despedimento coletivo), 372º (por extinção do posto de trabalho) e 379º (por inadaptação).

[216] Por todos, CAROLINA CUNHA, *A indemnização de clientela do agente comercial*, Coimbra, 2003; PINTO MONTEIRO, *Contratos de distribuição comercial*, cit., p. 149 ss, 161 ss.

[217] Mas há quem distinga a denúncia da oposição à renovação: MENEZES CORDEIRO, *Direito das Obrigações*, tomo IV, cit. p. 342; MENEZES LEITÃO, *Direito das Obrigações*, vol. II, p. 109 s (misto de denúncia e de caducidade). No artigo 112º, nºs 1 e 2, da Lei do Contrato de Seguro prevêem-se as duas hipóteses em separado, mas com regime comum.

[218] Quanto a esta especial "desistência" pode hesitar-se entre a qualificação como denúncia atípica (ROMANO MARTINEZ, *Da cessação do contrato*, cit., p. 63 s, 567) e a revogação unilateral (JANUÁRIO GOMES, *Em tema...*, cit., p. 74).

Para contratos de duração indeterminada há menções legais à denúncia *hoc sensu* no regime dos seguintes tipos: mútuo (artigo 1148º, nº 2), locação[219], arrendamento rural (artigos 15º, nº1, 19º e 30º do citado Decreto-Lei nº 294/2009), agência (artigos 24º, alínea c), e 28º do citado Decreto-Lei nº 178/86), seguro (artigos 112º a 115º da respetiva Lei), trabalho (respetivo Código, artigos 340º, alínea h), 400º a 402º, aplicáveis apenas à denúncia do contrato pelo trabalhador, à qual se equipara o abandono por este, conforme o artigo 403º, nº 3), associação em participação (artigo 30º, nº 3, do citado Decreto-Lei nº 231/81), contrato de subordinação (artigo 506º, nºs 3, alínea d), 4 e 5, do Código das Sociedades Comerciais). Para a parceria pecuária sem termo, onde, no artigo 1122º se escreveu "fazer caducar", deve ler-se "denunciar".

No comodato sem termo final, o direito do comodante a exigir a restituição pelo comodatário (artigo 1137º, nº 2) equivale a direito de denúncia.

Para proteção do trabalhador, não admite denúncia o contrato de trabalho por iniciativa do empregador (salvo no período experimental). Restringem a denúncia os regimes dos contratos de arrendamento rural e para habitação e de seguro.

A denúncia, incluindo, sem limitar, a oposição à renovação, pode também ser convencional, isto é, estipulada como cláusula de contratos, duradouros ou não, em casos não previstos na lei (como resulta da prática, da liberdade contratual e implicitamente das diversas proibições e imposições em contratos de adesão, a seguir referidas) ou admitidos por lei supletiva (Lei do Contrato de Seguro, artigo 112º, nºs 3 e 4, artigo 1110º, nº 1, aplicável ao arrendamento não habitacional, e artigo 1243º, aplicável à renda vitalícia).

Tais cláusulas podem ser redigidas como segue: "Decorridos *n* anos da celebração do contrato, este pode ser denunciado por qualquer das partes com pré-aviso de 3 meses". "Qualquer das partes se pode opor à renovação do contrato avisando a outra com a antecedência de 3 meses em relação ao seu termo".

As estipulações sobre denúncia são conformadas por alguns preceitos legais: uns proíbem a exclusão ou prazos excessivos para a denúncia ou a denúncia sem compensação ou sem aviso prévio (respetivamente, alíneas f), h) e a) do nº 1 do artigo 22º, alínea f) do artigo 19º, alíneas b) e i) do artigo 22º, nº 1, todos do diploma sobre contratos de adesão); outros permitem a exclusão de denúncia (citado artigo 114º, nº 1, do Código do Trabalho) ou admitem estipulações de prazos mais longos para o pré-aviso da denúncia (artigo 28º, nº 3, citado Decreto-Lei nº 178/86, aplicável ao contrato de agência, e citado artigo 400º, nº 2, do Código do Trabalho).

[219] Artigos 1079º, 1080º, 1086º, 1098º, nºs 3 a 5 e 6, 1099º a 1103º, 1110º, 1682º-B, alínea a); artigo 108º do Código da Insolvência, sobre a denúncia pelo administrador da insolvência de contrato de locação em que o insolvente seja locatário; sobre oposição à renovação, artigos 1055º, 1097º e 1098º, nºs 1, 2 e 6.

A denúncia não exige normalmente contrapartida financeira a pagar pelo denunciante, mas há, pelo menos, duas hipóteses comuns de denúncia onerosa: a remição e a multa penitencial[220].

Remição significa, em direito civil, a extinção de uma obrigação temporalmente indeterminada através do pagamento de um valor determinável. Significa também o pagamento desse valor. Está prevista para a renda perpétua (mediante o pagamento pelo devedor, a todo o tempo, da importância em dinheiro que represente a capitalização da mesma, à taxa legal de juros, artigo 1236º, nº 1), para a renda vitalícia (com reembolso do que tiver recebido e perda das prestações já efetuadas, se assim se tiver convencionado) e era, até à revogação do regime, um direito do enfiteuta, pelo preço de 20 foros (artigos 1511º e 1512º). Como a extinção do contrato se processa pelo exercício de um direito potestativo, com efeitos *ex nunc*, a remição é enquadrável na denúncia ou próxima dela[221].

A pena (ou multa) convencional permite que, mediante o pagamento de quantia certa, uma das partes ou qualquer delas denuncie, a todo o tempo, um contrato com termo determinado. A cláusula, diferente da cláusula penal, porque se não relaciona com o incumprimento e a indemnização, é válida, se não restringir o direito de cessação do contrato com outros fundamentos, podendo o seu montante ser reduzido por excessividade, aplicando, por analogia, o regime da cláusula penal. A cláusula de pena convencional é atualmente frequente em contratos de trabalho desportivo. A "rescisão" pelo desportista, como se diz na prática, equivale a denúncia com pena convencional[222].

Estrutura semelhante à multa convencional tem o pagamento, por exigência legal, de uma quantia ou a atribuição de outra vantagem à contraparte como requisito da denúncia. É o que sucede no arrendamento para habitação de duração indeterminada, em que a denúncia pelo senhorio depende do pagamento do montante equivalente a um ano de renda (artigos 1102º, nº 1, e 1103º, nºs 6, alínea c), e 8). Este caso é *sui generis*, por o valor exigido ser demasiado baixo, seja como multa seja como indemnização por facto lícito[223].

[220] Não o resgate total (*supra* nº13-III), porque, neste, o pagamento é a favor de quem termina o contrato.

[221] ROMANO MARTINEZ, *Da cessação do contrato*, cit., p. 590, escreveu, com referência à renda perpétua, "denúncia, por via de remição". M. LIMA REGO, *Código Civil anotado*, org. Ana Prata, cit., I, p. 1532, encontra, na remição, o mesmo princípio de não vinculação perpétua que explica a denúncia.

[222] Sobre o que antecede, PINTO MONTEIRO, *Sobre as "cláusulas de rescisão" dos jogadores de futebol*, cit., esp. p. 59 ss. Pode ver-se, a propósito, o artigo 1373, nº 3, do Código Civil italiano, sobre "recesso unilaterale" com "corrispettivo", que BIANCA, *Il contratto*, cit., p. 706, qualifica como multa penitencial, excluindo que seja cláusula penal. Não uso neste contexto a palavra arrependimento, frequentemente usada pela doutrina, porque me parece mais apropriada para a revogação imotivada (cfr. *supra* nº 13-III).

[223] Esta segunda qualificação é sustentada por ROMANO MARTINEZ, ob. cit., p. 334, e SEQUEIRA SANTOS, *Código Civil anotado* (org. Ana Prata), cit., p. 1335.

II. *Fundamentação, limites e requisitos.* É comum dizer-se que, em contratos de duração indeterminada, a cessação unilateral por denúncia é livre e discricionária, sem indicação de motivação ou de fundamento[224]. Este é um corolário do princípio da inadmissibilidade das vinculações contratuais perpétuas[225], cuja violação é contrária à ordem pública[226], sendo intolerável[227] a subsistência do contrato.

A liberdade e a discricionariedade da denúncia, assim como a fundamentação desta, devem ser entendidas em termos hábeis.

Em primeiro lugar, porque a denúncia não se aplica só a contratos de duração indeterminada. Está expressamente prevista na lei, nas situações já referidas, para o contrato de arrendamento de duração determinada (denúncia pelo inquilino), o contrato de trabalho a termo (durante o período experimental), o mandato de crédito e a empreitada (desistência do dono da obra), sendo também admitida em princípio e usada na prática em cláusulas de contratos de duração pré-determinada.

Em segundo lugar, porque aquela liberdade depende, não raramente, de um preço a pagar pelo denunciante, seja por força da lei (renda perpétua) seja nos termos acordados pelas partes.

Em terceiro lugar, e principalmente, porque a lei estabelece limites ou exige justificação para algumas hipóteses de denúncia que, em parte, me parecem ser generalizáveis.

Vários preceitos legais limitam a denúncia em função de um tempo mínimo de vigência de contratos de duração indeterminada: no arrendamento para habitação, a denúncia pelo arrendatário só é admissível após seis meses (artigo 1100º, nº 1) e a denúncia pelo senhorio após dois anos (artigo 1103º, nº 10) de duração efetiva do contrato; no arrendamento rural, o senhorio emigrante só pode este denunciar o contrato a partir do terceiro ano da sua celebração ou da sua renovação (artigo 19º, nº 4, do citado Decreto-Lei nº 294/2009); não há direito à denúncia, no contrato de subordinação, antes de o contrato ter vigorado cinco anos (CSC, artigo 506º, nº 4) e, no contrato de associação em participação,

[224] Ver, por todos, com formulações ligeiramente diferentes, MENEZES CORDEIRO, *Tratado de Direito Civil Português. I. Parte Geral*, tomo IV, cit., p. 341; JANUÁRIO GOMES, *Em tema...*, cit., p. 75 s; e, mais cautelosos, por indicarem apenas que é esta a regra, ROMANO MARTINEZ, *Da cessação do contrato*, cit., p. 57 s; JOANA FARRAJOTA, *A resolução do contrato sem fundamento*, cit., p. 25 s. Nos UNIDROIT *Principles of International Commercial Contracts* (versão de 2016), o artigo 5.1.8 dispõe: "a contract for an indefinite period may be terminated by either party by giving notice a reasonable time in advance".

[225] "É lícita a denúncia do contrato de prestação de serviços de segurança e vigilância celebrado por período temporalmente indeterminado, de modo a respeitar a liberdade contratual dos outorgantes, incompatível com uma vinculação perpétua" (acórdão do STJ de 15.04.2010).

[226] Asserções aceites pelo menos desde J. BAPTISTA MACHADO, *Parecer sobre denúncia e direito de resolução de contrato de locação de estabelecimento comercial*, Obra dispersa, I, cit., p. 647 ss (p. 649 ss).

[227] F. PEREIRA COELHO, *Arrendamento. Direito substantivo e processual*, Coimbra, 1988, p. 248.

antes de terem decorridos dez anos sobre a sua celebração (citado Decreto-Lei nº 231/81, artigo 30º, nº 3).

Para o arrendamento para habitação de duração determinada, a denúncia pelo arrendatário exige que esteja decorrido um terço da duração inicial do contrato ou da sua renovação (artigo 1098º, nº 3). Não há impedimento para estipulações semelhantes em cláusulas de denúncia, mas em contratos de adesão os prazos excessivos de denúncia ou até a sua existência podem ser abusivos (respetivo diploma, artigo 22º, nº 1, alíneas a) e f)[228].

Para algumas hipóteses de denúncia de certos tipos contratuais, a lei exige justificação ou impõe limites não temporais.

No arrendamento para habitação de duração indeterminada, a denúncia pelo senhorio é justificada (cfr. epígrafe do artigo 1103º), sem observância do pré-aviso de dois anos (alínea c) do artigo 1101º), por necessidade de habitação pelo próprio ou filhos (alínea a) do artigo 1101º, com as especificações do artigo 1102º) ou para demolição ou realização de obra de remodelação ou restauro profundos que obriguem à desocupação do locado (alínea b) do mesmo artigo 1101º).

No arrendamento agrícola, a denúncia pelo senhorio emigrante depende de vários requisitos cumulativos[229] relacionados com o interesse na exploração direta do prédio. A denúncia pelo arrendatário tem também de ser justificada[230].

A denúncia de contratos de seguro de duração indeterminada ou com duração inicial por cinco anos ou mais, com renovação *ipso jure*, está sujeita aos seguintes limites legais (LCS, artigos 113º e 114º), que são imperativos para os seguros de massa (artigo 13º): não se opor à natureza do vínculo (nomeadamente, perdurar o contrato até à verificação de determinado facto) ou à finalidade prosseguida pelo contrato (nomeadamente, se o decurso do tempo agravar o risco) e não corresponder a uma atitude abusiva (nomeadamente, ser feita na iminência da verificação do sinistro ou após a verificação de um facto que possa desencadear responsabilidade do segurador). São exemplos a denúncia pelo segurador de

[228] F. VAZ PINTO, *Os limites à liberdade de estipulação em matéria de denúncia*, Sub judice, nº 39, 2007, p. 45 ss (p. 57 ss).

[229] Em conformidade com o artigo 19º, nº 4, do respetivo diploma: a) ter sido ele quem arrendou o prédio ou o tenha adquirido por sucessão; b) necessitar de regressar ou ter regressado definitivamente a Portugal há menos de um ano; c) querer explorar diretamente o prédio arrendado. Mas o arrendatário pode opor-se se: a) tiver mais de 55 anos e resida ou utilize o prédio há mais de 30 anos; e b) o rendimento obtido do prédio constitua a fonte principal ou exclusiva de rendimento para o seu agregado familiar (nº 9 do mesmo artigo).

[230] "O arrendatário pode denunciar o contrato, sem possibilidade de oposição por parte do senhorio, nos casos de abandono da atividade agrícola ou florestal, ou quando o prédio ou prédios objeto do arrendamento, por motivos alheios à sua vontade, não permitam o desenvolvimento das atividades agrícolas ou florestais de forma economicamente equilibrada e sustentável" (nº 5 do artigo citado na nota anterior).

seguro de vida em caso de morte, do seguro de obra e do seguro de doença, depois de esta ser detetada[231].

Na associação em participação, não é admitida a denúncia de contratos cujo objeto consista em operações determinadas, ainda em curso (artigo 30º, nº 3, do respetivo diploma).

Olhemos então para alguns exemplos de contratos de duração indeterminada, incluindo os que são prorrogáveis indefinidamente, para cuja denúncia a lei não prevê qualquer limite ou justificação, sem que tais contratos contenham alguma cláusula sobre a sua denúncia ou oposição à renovação.

Um ator, um realizador ou um argumentista celebram com um produtor de televisão um contrato de prestação de serviço ou de empreitada, sem termo final; duas sociedades celebram um contrato de *franchising* relativo a vestuário, sem nele terem aposto qualquer data de cessação; várias sociedades celebram um contrato de consórcio, por tempo indeterminado, para execução de contrato de *project finance* relativo à construção e exploração de uma ponte; um engenheiro é admitido como trabalhador por uma empresa de construção aeronáutica sem estipulação de prazo.

Não há dúvida de que o ator ou o realizador ou o argumentista, assim como o produtor, podem denunciar o contrato, digamos, ao fim de dez anos, e, também neste tempo, o franqueado e franqueador podem denunciar o contrato que os liga. Também, terminada a construção, qualquer dos membros do consórcio pode denunciar o contrato passados, digamos, cinco anos após o início da exploração. A lei não parece impedir que o engenheiro denuncie o contrato de trabalho passados três anos.

Suponhamos agora que o ator ou o franqueador denunciam o contrato de prestação de serviço ou de franquia no mês seguinte ao da sua celebração ou que um membro do consórcio o denuncia ao fim de um ano, no decurso da construção a ponte, ou que o engenheiro anuncia a cessação do contrato, no primeiro ano deste, enquanto decorre um projeto por ele chefiado e essencial para a empresa aeronáutica. Parece-me claro que, nestas situações, a denúncia não é permitida, sem mais.

Quando não previsto em lei ou no contrato, o direito potestativo de denúncia resulta de construção doutrinária e jurisprudencial adversa à perpetuidade das vinculações contratuais. Ora, na denúncia em tempo pouco posterior ao início da eficácia do contrato, não há ainda elementos para julgar a manutenção do contrato como insuportável e contrária à ordem pública. A denúncia precoce não é pois

[231] Os dois últimos exemplos foram recolhidos em *Lei do contrato de seguro anotada*, org. Romano Martinez e o., p. 379 s, onde se sustenta não ser aplicável o preceito a seguros financeiros, suscetíveis de resgate.

admissível, como se infere do fundamento do instituto e da generalização dos vários preceitos que estabelecem um termo *a quo* para o seu exercício[232].

A denúncia livre não é também compatível com o impedimento da realização da finalidade do contrato ou com a interrupção de projetos e de tarefas que dele sejam objeto, se a efetivação ou a execução não excederem o tempo normal previsível. Esta asserção baseia-se também na raiz teleológica da denúncia e na aplicação analógica dos limites fixados pelos preceitos legais aplicáveis aos contratos de seguro e de associação em participação. Pode ainda apelar-se à aplicação analógica do artigo 275º, nº 2, que obsta à obtenção de efeitos favoráveis para quem, de má fé, impeça a verificação da condição ou à aplicação direta do artigo 762º, nº 2, que, para o exercício de direitos, impõe o procedimento de boa fé.

Resultados semelhantes se obtêm com a invocação do abuso de direito (referido aliás pelos nº 1 e 4 do artigo 114º da LCS), mas tal deve ser uma última *ratio*, na falta de norma que proíba diretamente um comportamento.

Concluo pois que a denúncia deve ser sempre justificada. A justificação pode ser muito simples: decorreu muito tempo de vigência do contrato e a cessação do contrato não é incompatível com a sua finalidade. Mas, ainda que sumárias, a alegação e a prova do seu fundamento não são prescindíveis.

Perguntar-se-á então se este ponto de vista não conduz à confusão entre denúncia e resolução por justa causa (em sentido amplo). A resposta é negativa, porquanto a justificação é bem diferente. Na justa causa de resolução, os factos invocados reportam-se à perturbação intrínseca de que sofre o contrato ao tempo da resolução, designadamente ao desequilíbrio das posições contratuais; na justificação da denúncia, não havendo lei ou cláusula específica mais exigentes, só é necessário invocar o tempo excessivo de vigência e a inexistência de desrazoável frustração do fim[233].

Claro que há situações em que a denúncia e a resolução são tangenciais ou parcialmente sobreponíveis, em especial, na denúncia legal justificada em contratos de arrendamento e em algumas cláusulas contratuais que, com conteúdos similares, umas vezes se designam como de resolução e outras como de denúncia.

A exigência de pré-aviso para que a denúncia extinga o contrato é recorrente em preceitos legais aplicáveis aos contratos de locação[234], de mútuo (artigo 1148º, nº 2), de agência (citado Decreto-Lei nº 178/86, artigo 28º), de seguro (LCS,

[232] Como escreveu M. HELENA BRITO, *O contrato de concessão comercial*, cit., p. 239 ss: o "decurso de um prazo razoável após celebração do contrato" é requisito do "exercício legítimo do direito de denúncia".

[233] Com o critério da inexigibilidade para a resolução por justa causa aumenta a probabilidade de indistinção, porque o tempo excessivo de vigência é também fundamento de inexigibilidade. Mais uma razão para a sua insuficiência (ver *supra* nº 14-IV).

[234] Artigos 1055º, 1097º, 1098º, nºs 3 e 4, 1101º, alínea c), 1103º, nº 1, 1110º, nº 2, artigo 19º, nº 4, do Decreto-Lei nº 294/2009.

artigo 115º), de trabalho (CT, artigo 114º, nºs 2 e 3, aplicável à denúncia no período experimental, artigo 400º, aplicável à denúncia pelo trabalhador). Os prazos de pré-aviso são variáveis, conforme o tipo contratual e as circunstâncias, com o mínimo de 7 dias na denúncia durante o período de trabalho experimental, decorridos mais de 60 e menos de 120 dias (CT, artigo 114º, nº 2), com o máximo de dois anos na denúncia do arrendamento para habitação por tempo indeterminado e sem justificação (artigo 1101º, alínea c)).

O pré-aviso é também frequente na denúncia convencional. Neste caso e quando não esteja legalmente fixado, o prazo do pré-aviso deve ser razoável[235], podendo aplicar-se, por analogia, alguns dos preceitos legais antes citados. Em contratos de adesão, são tendencialmente nulas as cláusulas de denúncia sem pré-aviso "adequado" ou "razoável" (artigo 22º, nº 1, alíneas b) e i) do respetivo regime).

III. A cessação por denúncia tem *consequências* quanto à ineficácia do contrato apenas para o futuro[236]. Mas pode ter efeitos adicionais.

A responsabilidade civil pela denúncia, quando lícita, só se verifica se houver normas legais específicas de imputação, como são o artigo 629º, nº 2 (mandato de crédito), o artigo 1229º (desistência do dono da obra[237]) e os nºs 10 e 11 do artigo 19º do citado Decreto-Lei nº 294/2009 (indemnização ao arrendatário rural).

Sendo a denúncia justificada pela ocupação, realização de obras ou exploração direta pelo senhorio, a omissão de concretização do respetivo fundamento determina o pagamento de indemnização ao arrendatário igual a 10 anos de renda (artigo 1103º, nº 9) ou o quíntuplo das rendas relativas ao período de tempo em que o arrendatário esteve ausente (artigo 19º, nº 8, do Decreto-Lei nº 294/2009).

A omissão de aviso prévio gera a obrigação de compensação monetária nos seguintes casos: na oposição pelo arrendatário à renovação do contrato ou à denúncia e na denúncia do contrato de trabalho durante o período experimental, exige-se o pagamento das rendas ou da retribuição correspondentes ao período de pré-aviso em falta (artigo 1098º, nº 6; artigo 114º, nº 4, do Código do Trabalho); na denúncia do contrato de trabalho pelo trabalhador, este deve pagar ao empregador valor igual à retribuição base e diuturnidades, correspondentes ao

[235] Citado acórdão do STJ de 15.04.2010.

[236] Segundo os UNIDROIT *Principles of International Commercial Contracts* (versão de 2016), artigo 7.3.7 (1), "on termination of a long-term contract restitution can only be claimed for the period after termination has taken effect, provided the contract is divisible".

[237] Apesar da letra da lei ("contanto que indemnize..."), parece-me que a indemnização é aqui um efeito adicional e sequente da denúncia e não um requisito concomitante desta, com estrutura semelhante à multa convencional, como sucede no artigo 1102º, nº 1, proémio (cfr. *supra* I, *in fine*), considerando o valor certo desta e o valor indeterminado daquela.

período em falta e, eventualmente, indemnização por danos causados pelo incumprimento de obrigação assumida em pacto de permanência (mesmo Código, artigo 401º). Em contratos de adesão, as cláusulas de denúncia, sem pré-aviso suficiente e sem compensação adequada, são tendencialmente nulas (artigo 19º, alínea f) do respetivo regime).

Em qualquer outra hipótese, a inobservância do aviso prévio implica a ineficácia da denúncia, como é normal na inobservância de ónus para o exercício de direitos.

16. Caducidade

I. *Caducidade de direitos e caducidade do contrato.* Caducidade (do latim *cadere*, cair) significa, em geral, perda de efeitos ou declínio de aptidões. Mas, na atual terminologia jurídica portuguesa, aplica-se apenas a duas categorias de perda de efeitos: a caducidade de direitos e a caducidade de contratos. A caducidade de direitos é uma categoria de perda de direitos que se distingue, por vezes com dificuldade, da prescrição de direitos[238]. A caducidade de contratos é uma só das várias modalidades da cessação da eficácia destes (cfr. nºs 13 a 15 e 18).

O decurso do tempo está sempre presente na caducidade de direitos, enquanto, para a caducidade de contratos, o tempo é apenas um entre outros fatores atendíveis (ver *infra* II). Nem a perda de direitos, por caducidade ou por prescrição, nem a extinção de obrigações são, por si só, determinantes da caducidade do contrato. Para que esta se verifique é necessário que não subsista qualquer outro efeito do contrato, tal como conformado pelo seu conteúdo (eventualmente integrado). Atendendo à diferença institucional entre caducidade de direitos e de contratos, não se aplicam a esta os artigos 328º a 333º.

A extinção do contrato por caducidade opera *ipso facto*, pela simples ocorrência deste, não se exigindo geralmente qualquer declaração extintiva[239], como sucede, em regra, com a revogação, a resolução e a denúncia. Por ser a mais inespecífica de todas as modalidades de cessação do contrato, a caducidade deve ser considerada como residual e, por isso, preterida na qualificação designadamente pela resolução e pela realização plena dos efeitos do contrato.

Parece-me pois menos correta a qualificação legal como caducidade da consequência da verificação da condição resolutiva (artigos 1051º, alínea b), aplicável à locação, 1123º, *in fine*, aplicável à parceria pecuária, e 26º, alínea b), do diploma aplicável ao contrato de agência), que, apesar de também operar *ipso*

[238] Cfr. o meu artigo *Caducidade do direito a indemnização por informação deficiente no âmbito dos mercados de valores mobiliários*, Cadernos do Mercado de Valores Mobiliários, nº 54, 2016, p. 1 ss (p. 11 s), e a bibliografia e jurisprudência aí citadas. Também a *supressio* (cfr. nota 315) conduz à inadmissibilidade de exercício do direito, por abuso deste.

[239] Ver as exceções *infra* III e IV.

facto, melhor se integra no instituto da resolução (*supra* nº 14), com a qual tem maior proximidade de regime[240].

Também inadequada me parece a inserção na caducidade de alguns fundamentos de extinção do contrato de seguro: a morte da pessoa segura, se dela resultar o pagamento da prestação devida pelo segurador, e o pagamento da totalidade do capital seguro para o período de vigência do contrato (artigo 110º da respetiva Lei), que se configuram antes como fatores de realização plena dos efeitos do contrato. É certo que, como a caducidade, não é necessária, nestes casos, uma declaração autónoma para a extinção. Mas têm natureza muito diferente, atendendo ao cariz geralmente negativo da caducidade em comparação com o cariz positivo da realização dos efeitos do contrato (ver *supra* nº 13-II). Também o cumprimento do contrato o extingue e é pacífico não ser gerador de caducidade. O termo, paradigma dos fatores de caducidade do contrato, pode coincidir com a satisfação dos interesses dos contraentes, mas a extinção de efeitos que lhe é inerente não depende de tal satisfação ocorrer ou não.

II. *Fundamentos da caducidade do contrato. Termo final.* Em vão se procurará um fundamento único para a caducidade do contrato ou se descortinará a natureza única dos factos que a fundamentam. Que sejam sempre simples factos jurídicos é contrariado por fatores de caducidade como são a dissolução de pessoa jurídica contraente e a expropriação. Que sejam factos não imputáveis aos contraentes nem é distintivo, porque tal sucede igualmente com alguns fundamentos de outras modalidades de extinção (por exemplo, a resolução por alteração anormal das circunstâncias ou a denúncia com base na vigência temporal excessiva), nem é caraterística comum dos fundamentos da caducidade, porque não se verifica nalguns casos de caducidade por ilegitimidade superveniente. A superveniência de um facto extintivo ou é circular ou se limita a remeter para o elenco legal de fatores de caducidade.

Mas este elenco não pode, claro, ser ignorado. A partir dele é possível distribuir os fundamentos de caducidade do contrato por dois conjuntos: o termo final e o desaparecimento irreversível e insubstituível de um elemento necessário do conteúdo do contrato.

O *termo final* extintivo pode ser certo ou incerto, considerando aqui como termo tanto o que consta de cláusula contratual como de preceito legal, supletivo ou imperativo (cfr. vol. IV, nº 18-I a III). Referem-se expressamente ao termo final contratual certo, como fundamento de caducidade, o artigo 1051º, alínea a) (locação), os artigos 343º, alínea a), e 344º, nº 1, do Código do Trabalho, o artigo 109º da Lei do

[240] Para JOANA FARRAJOTA, p. 25, *A resolução do contrato sem fundamento*, cit., a condição resolutiva aglutina elementos da caducidade e da resolução.

Contrato de Seguro, o artigo 506º, alínea b), do CSC (contrato de subordinação), o artigo 11º, nº 1, alínea c), do diploma sobre o contrato de consórcio, e o artigo 26º, alínea a), do diploma sobre o contrato de agência. Alguns destes preceitos usam a palavra prazo, quando em rigor se deveria dizer termo, porque determina a ineficácia do contrato na sua totalidade (vol. IV, nº 22-I).

Para a caducidade do contrato de trabalho a termo há regras especiais que exigem a invocação de factos que geralmente os regimes de caducidade dispensam. O contrato a termo certo só caduca, se o empregador ou o trabalhador comunicarem à outra parte "a vontade de o fazer cessar" (artigo 344º, nº 1, do respetivo Código)[241]. O contrato de trabalho a termo incerto caduca quando, prevendo-se a ocorrência do termo, o empregador comunique a cessação do mesmo ao trabalhador, com a antecedência fixada pelo 345º, nº 1, do mesmo Código.

III. *Caducidade em função de elementos pessoais.* Se algum dos contraentes for pessoa física, a *morte* de um deles é o mais frequente dos termos finais incertos extintivos do contrato[242]. Está expressamente prevista como fator de caducidade a morte do parceiro pensador (artigo 1123º), do locatário de aluguer (artigo 1051º, alínea d)[243], do mandatário (artigo 1174º, alínea a), do mandante (este, salvo quando o mandato tenha sido conferido também no interesse do mandatário ou de terceiro, cfr. mesmo artigo e o artigo 1175º), do agente (Decreto-lei nº 178/86, artigo 26º, alínea c), do empreiteiro (apenas se as suas qualidades pessoais tiverem sido tomadas em conta no ato da celebração; artigo 1230º, nº 1), do empregador em nome individual (salvo se houver continuidade da empresa; Código do Trabalho, artigo 346º, nº 1). A morte do trabalhador implica, naturalmente, a cessação do contrato de trabalho, atendendo à natureza estritamente pessoal, infungível e intransmissível da sua posição jurídica, sendo a mais absoluta e definitiva causa de impossibilidade superveniente de prestação de trabalho (artigo 343º, alínea b), do mesmo Código)[244].

Pode dizer-se, em geral, que a morte do prestador de serviço (trabalhador, mandatário, agente, empreiteiro, artista, profissional liberal) gera caducidade dos respetivos contratos, sempre que a prestação seja infungível ou *intuitu*

[241] Aplicado, por exemplo, em acórdão do STJ de 09.10.2013.

[242] Também se pode dizer que, nalguns casos, a morte funciona como condição incerta ou a termo; cfr. vol. IV, nº 17-V (se morrer antes de outro fundamento de cessação do contrato).

[243] No arrendamento, a regra é a transmissão por morte da posição do inquilino (artigos 1106º, sobre arrendamento para habitação, 1113º, sobre arrendamento urbano para outros fins, e 20º do Decreto-Lei nº 294/2009, sobre o arrendamento rural).

[244] No contrato de associação em participação (cfr. vol. III, nº 13-III), a morte de qualquer dos contraentes extingue ou não a associação conforme seja estipulado ou segundo o regime supletivo do Decreto-Lei nº 231/81, artigo 28º, cujo nº 2 enuncia como princípio, sujeito a exceções, que "a morte do associante ou do associado não extingue a associação".

personae. Noutros contratos duradouros, a morte do contraente em posição de empresário só implica caducidade se não houver continuidade da empresa. O efeito da caducidade por morte do parceiro pensador e do locatário de aluguer parece demasiado radical para admitir analogia. Nos restantes contratos, não há geralmente razão para que a morte seja fundamento de caducidade, porque as posições contratuais se transmitem aos sucessores dos contraentes. Mas uma apreciação casuística pode excecionar esta tendência, por aplicação do regime da impossibilidade total superveniente (ver *infra* IV).

A caducidade por termo final extintivo, certo ou incerto, aplica-se a todos os contratos em que seja lícita a sua aposição (não o é, por exemplo, no casamento), mas o termo contratual originário nem sempre implica caducidade, se houver prorrogação para tempo posterior[245], que não exceda o máximo legal (por exemplo, 30 anos para o usufruto a favor de pessoa jurídica). Os efeitos da morte na eficácia do contrato podem ser estipulados de modo diferente do previsto na lei, que é supletiva, salvo estrita pessoalidade.

A morte não é o único evento pessoal determinante de caducidade do contrato. A sentença de *acompanhamento* do mandante ou do mandatário implica a caducidade do mandato quando atribua poderes de representação ao acompanhante ou determine a necessidade de autorização prévia de atos do maior acompanhado. O acompanhamento do mandante implica ainda a caducidade do mandato, se este não tiver sido conferido também no interesse do mandatário ou de terceiro (artigos 1174.ºe 1175.º). Estas regras têm em conta o conteúdo específico do contrato de mandato (prática pessoal de atos jurídicos), pelo que não generalizáveis a outros tipos contratuais, aos quais se aplicarão, em situações semelhantes, as consequências comuns da limitação de capacidade de exercício.

A situação de *incapacidade de facto prolongada* (cfr. vol. V, nº 7-I e V) pode redundar em impossibilidade superveniente de prestação de trabalho (artigo 343º, alínea b), do Código do Trabalho). No artigo 1176º, nº 2, menciona-se a "incapacidade natural" do mandatário, a par do acompanhamento de maior[246], que são fatores de caducidade. Esta situação pode ser também relevante em relação ao empreiteiro ou a outro prestador de serviço. Parece-me que, em qualquer hipótese de incapacidade de facto prolongada, a eventual cessação do contrato se funda em resolução por justa causa, não em caducidade, porque, diferentemente

[245] Como expressamente preveem os citados preceitos aplicáveis ao consórcio e ao contrato de trabalho a termo certo.

[246] O nº 2 do artigo 1176º, por remissão para o nº 1, faz recair sobre as pessoas que convivam com o mandatário em situação de incapacidade natural obrigação igual àquela que recai sobre os herdeiros do mandatário falecido ou acompanhado, isto é, "prevenir o mandante e tomar as providências adequadas, até que ele próprio esteja em condições de providenciar". O preceito nem afirma nem exclui a cessação do contrato por incapacidade natural do mandatário.

da morte, do acompanhamento e da insolvência (a que se pode juntar a ausência definitiva), a ineptidão pessoal comporta algum grau de incerteza e de apreciação subjetiva, solucionáveis apenas com base na justificação que for inserida em declaração de cessação.

Além do termo certo e da morte, há fundamentos de caducidade do contrato de trabalho especialmente prescritos na lei. O contrato caduca com a reforma do trabalhador, por velhice ou invalidez (artigo 343º, alínea c), do Código do Trabalho). Nenhum destes factos tem a natureza de termo, certo ou incerto, porque a invalidez é eventual e a velhice, em funções privadas, confere direito à reforma, mas não a impõe nem impede a continuação do trabalho, ainda que sujeito ao regime de contrato a termo (artigo 348º)[247].

O contrato de trabalho caduca também "por impossibilidade superveniente, absoluta e definitiva, de o trabalhador prestar o seu trabalho ou de o empregador o receber" (alínea b) do mesmo artigo). Cabem neste âmbito, além da morte, situações de absoluta ineptidão do trabalhador, com é a retirada de título profissional para o exercício de determinada atividade (cfr. artigo 117º, nº 2). Os factos que exijam justificação complexa ou controversa melhor cabem, como já disse, nos fundamentos de resolução por justa causa.

A caducidade dos contratos de mandato e de outros contratos de gestão, que se refiram a bens da massa insolvente, por efeito da *insolvência* do mandante ou do comitente (artigo 110º, nºs 1 e 4, do CIRE), é uma decorrência da ineficácia dos atos de administração e de disposição praticados pelo insolvente (*supra* nº 8).

A impossibilidade, por parte do empregador, verifica-se em caso de encerramento da empresa (artigo 346º, nº 3, do Código do Trabalho) e de "extinção de pessoa coletiva, quando não se verifique a transmissão da empresa" (nº 2 do mesmo artigo), mas a insolvência do empregador não faz cessar o contrato de trabalho (artigo 347º)[248].

O contrato de agência caduca por *extinção* do agente, que seja pessoa jurídica (artigo 26º, alínea c), do respetivo regime). O contrato de associação em participação caduca com a insolvência (artigos 27º, alínea g), do respetivo diploma e 117º do CIRE) e, em regra, com outra causa de dissolução da pessoa jurídica associante (artigo 29º, nºs 2 a 4, do mesmo diploma). O contrato de subordinação caduca com a dissolução de alguma das duas sociedades (artigo 506º, alínea a), do CSC).

[247] Cfr. ROSÁRIO RAMALHO, *Tratado de Direito do Trabalho. Parte II*, cit., p. 804, e acórdão do STJ de 21.09.2017.

[248] No decurso do processo de insolvência, os novos contratos de trabalho celebrados pelo administrador para liquidação da massa insolvente ou continuação da exploração da empresa caducam com o encerramento definitivo do estabelecimento, ou, salvo convenção em contrário, da sua transmissão (CIRE, artigo 55º, nº 4).

De modo mais genérico, diz o Decreto-Lei nº 231/81 que o consórcio se extingue "por se extinguir a pluralidade dos seus membros" (artigo 11º, alínea d)[249] e que a associação em participação se extingue "pela confusão das posições de associante e associado" (artigo 27º, alínea e). São dois óbvios fatores de caducidade, generalizáveis a qualquer contrato, como consequência de o seu próprio conceito exigir mais do que uma parte (cfr. vol. I, nºs 7 e 53).

Se, por extinção pessoal ou confusão, restar *apenas um contraente*, o contrato caduca[250], por não haver destinatário para a atribuição ou as atribuições ainda por fazer. Esta regra aplica-se tanto no caso de extinção de pessoas jurídicas como de pessoas físicas, se não houver sucessão na posição contratual. A subsistência de sociedades unipessoais não contraria a regra, porquanto a pessoa sociedade, que seja criada por contrato ou negócio unilateral, é distinta do(s) sócio(s).

IV. *Caducidade pelo desaparecimento de outros elementos do contrato.* A caducidade também advém do desaparecimento de outros elementos do conteúdo: o objeto, a legitimidade e algumas circunstâncias. Vejamos, primeiro, preceitos legais dispersos, para depois ensaiar uma generalização.

Quanto ao *objeto*: O contrato de locação caduca [...] pela perda da coisa locada (artigo 1051º, alínea e). A parceria pecuária caduca com perda dos animais (artigo 1123º). Os contratos de consórcio e de associação em participação extinguem-se se os seus objetos se tornarem impossíveis (artigos 11º, nº 1, alínea b), e artigo 27º, alínea b), do Decreto-Lei nº 231/81). A impossibilidade superveniente, absoluta e definitiva, de o trabalhador prestar o seu trabalho ou de o empregador o receber (Código do Trabalho, artigo 343º, alínea b) pode referir-se ao objeto do trabalho (por exemplo, destruição do prédio onde decorrem obras de remodelação).

Quanto à *legitimidade*: Os contratos de locação e de parceria pecuária caducam "quando cesse o direito ou findem os poderes legais de administração com base nos quais o contrato foi celebrado" (artigos 1051º, alínea e), e 1123º). O contrato de locação caduca com "a expropriação por utilidade pública, salvo quando a expropriação se compadeça com a subsistência do contrato" (artigo 1051º, alínea f). O contrato de seguro caduca com a superveniente perda do interesse do segurado (LCS, artigo 110º, nº 1)[251].

Quanto às *circunstâncias* (diferentes do termo): Os contratos de locação e de agência caducam, se for certo que a condição suspensiva não pode verificar-se

[249] Entenda-se pluralidade como mais do que um membro, como se deduz do artigo 1º, que admite o consórcio com apenas dois membros.

[250] Ideia semelhante, quanto à parte plural, está subjacente ao artigo 1177º: "Se houver vários mandatários com obrigação de agir conjuntamente, a caducidade do mandato respeitante apenas a um deles determina a caducidade em relação a todos, salvo convenção em contrário".

[251] Sobre o interesse no seguro como requisito de legitimidade, ver *supra* nº 7-III.

(artigos 1051º, alínea b), e 26º, alínea b), do Decreto-lei nº 178/86)[252]. O contrato de seguro caduca com a "perda total do bem seguro e de cessação da atividade objeto do seguro" (LCS, artigo 110º, nº 2)[253].

Todos estes casos se referem a contratos sinalagmáticos, tal como a maioria daqueles em que a inviabilidade procede de elementos pessoais (*supra* II). Em todos eles, a caducidade provém da impossibilidade total superveniente da prestação caraterística (não pecuniária), em consequência do desaparecimento irreversível e insubstituível (isto é, insuscetível de integração, por norma supletiva ou por acordo hipotético) de elementos necessários do conteúdo do contrato. Constituem pois afloramento do regime da impossibilidade de cumprimento não imputável ao devedor, tal como regulada pelos artigos 790º e 795º. Esta coerência sistemática é expressamente confirmada pelo artigo 1230º, nº 2: "Extinto o contrato por morte ou incapacidade do empreiteiro, considera-se a execução da obra como impossível por causa não imputável a qualquer das partes".

A generalização a outros contratos obrigacionais justifica-se, com as seguintes observações: Para a impossibilidade culposa, a resolução é o fundamento apropriado da ineficácia do contrato. Mesmo sem culpa, a caducidade só se justifica se não restar algum sucedâneo parcial ou complemento da prestação, como são o *commodum* de representação (artigo 794º) e os deveres acessórios[254].

O desaparecimento não culposo e irreversível de elementos necessários no conteúdo do contrato será assim fundamento de caducidade em situações não previstas nas leis como as seguintes: submersão do terreno sobre o qual se haveria de, por empreitada, construir um edifício; cessação de poderes do licenciante; impossibilidade de atingir o destino acordado em contrato de transporte.

V. *Caducidade por conexão.* A convenção antenupcial e as doações para casamento caducam, se o casamento não for celebrado dentro de um ano ou se, tendo-o sido, vier a ser declarado nulo ou for anulado (artigos 1716º e 1760º, nº 1, alínea a). "O subarrendamento caduca com a extinção, por qualquer causa, do contrato de arrendamento" (artigo 1089º).

Com a epígrafe "ineficácia da novação", diz o artigo 860º que, "se a primeira obrigação estava extinta ao tempo em que a segunda foi contraída, ou vier a declarada nula ou [for] anulada, fica a novação sem efeito". "A extinção da obrigação principal determina a extinção da fiança" (artigo 651º).

[252] Quanto à verificação da condição resolutiva, mencionada nos mesmos preceitos, opta-se pela sua inclusão na ineficácia por resolução, não por caducidade (cfr. *supra* nºs 14-II e 16-I).

[253] Apesar da linguagem legal, não se trata de objeto do contrato de seguro, mas de um elemento objetivo componente de uma circunstância de eventualidade (o sinistro); cfr. vol. III, nº 23-II.

[254] Sobre o que antecede, cfr. MONTEIRO PIRES, *Impossibilidade da prestação*, cit., p. 236 ss, 587 ss, e bibliografia aí citada.

O artigo 18º, nº 1, do citado Decreto-Lei nº 133/2009, sobre crédito ao consumo, dispõe que: "a invalidade ou a ineficácia do contrato de crédito coligado repercute-se, na mesma medida, no contrato de compra e venda".

Em todos estes casos, a ineficácia deriva de conexão com contrato funcionalmente coligado[255]. Nos primeiros exemplos, a lei é expressa na qualificação como caducidade. Para a novação e o subarrendamento, as consequências da conexão são referidas de modo mais genérico: ineficácia, extinção. Mas, como a ineficácia se produz *ipso jure*, sem necessidade de justificação específica ou de outros requisitos e sem necessidade sequer da prática de qualquer ato no exercício de direito potestativo, parece-me que se devem enquadrar também no âmbito da caducidade. Assim, se a extinção da obrigação principal resultar de resolução do contrato de que emana, a extinção da fiança é independente da causa da resolução, extinguindo-se, e caducando portanto, como mera consequência da extinção da obrigação de que é acessória. O brocardo *simul stabunt simul cadent*[256] tem aqui aplicação literal, porque *cadere* significa cair, tal como caducar.

No crédito ao consumo[257], o paralelismo inclui a igualização de consequências, sejam de invalidade sejam de ineficácia. Estas regras, inovadoras, compreendem-se para acentuar a proteção dos consumidores, mas nem por isso seria tecnicamente menos correto preceituar que as consequências da invalidade ou da ineficácia de um contrato são a ineficácia do contrato coligado[258].

Com base nestes preceitos e na natureza das coligações funcionais é possível formular uma regra geral segundo a qual a invalidade ou da ineficácia de um contrato determina a caducidade do contrato causal[259] que, com aquele, esteja em relação funcional de dependência ou de reciprocidade. É assim, por exemplo, ao menos tendencialmente, na repercussão em subcontratos, como a subempreitada, o submandato e o subdepósito, e no resseguro.

VI. *Consequências.* A ineficácia da caducidade é geralmente prospetiva e imediata, operando a partir do respetivo facto gerador. Mas registam-se alguns casos de dilação: a insolvência do mandante não exclui que os contratos de mandato se

[255] Sobre a questão no âmbito da invalidade, vol. V, nº 34-VI.

[256] Ver, a propósito, F. B. PEREIRA COELHO, *Contratos complexos e complexos contratuais*, Coimbra, 2014, p. 207 ss.

[257] Ver, em geral, F. GRAVATO DE MORAIS, *União de contratos de crédito e de venda para consumo*, Coimbra, 2004.

[258] MORAIS CARVALHO, *Manual de Direito do Consumo*, cit., p. 437 s, sustenta a repercussão automática da invalidade ou da ineficácia.

[259] Na relação com contratos abstratos (vol. II, nº 17-III e IV), esta consequência não se verifica, como ilustra o artigo 277º do Código de Valores Mobiliários: "A invalidade ou a ineficácia dos negócios jurídicos subjacentes às ordens de transferência e às obrigações compensadas não afetam a irrevogabilidade das ordens nem o carácter definitivo da compensação".

mantenham durante algum tempo nas circunstâncias mencionadas no nº 2 do artigo 110º do CIRE[260]; para o despejo consequente à caducidade do arrendamento, o artigo 1053º exige que tenham decorrido seis meses após a verificação do respetivo fundamento, se este for diverso do termo certo.

A caducidade tem todavia efeitos retroativos nalgumas hipóteses – certeza de que a condição suspensiva não pode verificar-se, extinção da novação – isto é, quando o fundamento da caducidade seja genético.

A ineficácia é em regra a única consequência da caducidade do contrato. A inexistência de um requisito de culpa explica que não haja lugar a indemnização. Mas, no contrato de trabalho, o trabalhador tem direito às compensações a que se referem os artigos 344º, nº 2 (termo certo), 345º, nºs 4 e 5 (termo incerto), e 346º, nº 3 e 5 (encerramento da empresa).

17. Dissolução

I. *Terminologia, âmbito e particularidades.* Dissolução tem origem etimológica no verbo latino *dissolvere*, que significa dissolver, desatar, desunir, desfazer, desagregar, destruir. No direito português, a dissolução refere-se diretamente à extinção, para o futuro, de situação jurídicas. Desfeitas estas, extingue-se também, *ex nunc*, o efeito principal do contrato que as criou.

É o que sucede com a dissolução de associações, sociedades e outras pessoas jurídicas, que põe termo ao principal efeito dos contratos de associação, de sociedade e outros[261]. A dissolução do casamento, enquanto situação jurídica, determina também a extinção dos mais relevantes efeitos do casamento, enquanto contrato. Também a união de facto se dissolve (artigo 8º da Lei nº 7/2001, de 11 de maio), mas a cessação desta relação não determina a extinção de qualquer contrato, porque, apesar da semelhança com o casamento, não há contrato na sua génese.

Como a seguir se confirma, a dissolução apresenta três particularidades em comparação com outros fundamentos de cessação devigência do contrato. 1ª Tem como objeto direto pessoas jurídicas, patrimónios e comunidades, só reflexamente se repercutindo na cessação dos contratos que as geraram. 2ª Os fatores determinantes da dissolução reconduzem-se, quase sempre, aos outros fatores de cessação de vigência já considerados: realização plena dos efeitos,

[260] "Considera-se, porém, que o contrato de mandato se mantém: a) caso seja necessária a prática de atos pelo mandatário para evitar prejuízos previsíveis para a massa insolvente, até que o administrador da insolvência tome as devidas providências; b) pelo período em que o mandatário tenha exercido funções desconhecendo, sem culpa, a declaração de insolvência do mandante".

[261] Em passagens anteriores mencionou-se a cessação direta do contrato, por resolução (nº 19-III) ou caducidade (nº 21-II e III), em consequência direta da dissolução de uma das pessoas jurídicas contraentes. Aqui, tem-se em vista a extinção do contrato como consequência indireta da dissolução da pessoa jurídica criada por esse contrato.

distrate, revogação unilateral, resolução, caducidade. Só em poucos casos, a dissolução opera como consequência de fatores próprios: impossibilidade e ilicitude supervenientes, inobservância do fim, insolvência. 3ª A dissolução implica sempre a subsequente liquidação do património da pessoa ou do património autónomo dissolvidos.

II. *Dissolução do casamento.* O casamento dissolve-se por morte e por divórcio (artigo 1788º, CRP, artigo 36º, nº 2), com a consequente partilha (cfr. vol. IV, nº 4-II).

A cessação de efeitos para o futuro não é total, porque, com diferenças entre as duas causas de dissolução, alguns efeitos persistem ou nascem, designadamente quanto ao uso do apelido do ex-cônjuge, a subsistência de contrato de arrendamento, o destino da casa de morada de família e o direito a pensão ou a alimentos. A morte de um cônjuge cria direitos sucessórios para o outro. As responsabilidades parentais sofrem também alteração[262].

III. *Dissolução de pessoas jurídicas criadas por contrato.* As sociedades civis e comerciais, as cooperativas e as associações[263] dissolvem-se: por deliberação dos sócios ou da assembleia geral, pelo decurso do prazo fixado no contrato, pela realização do objeto social ou por este se tornar impossível ou ilícito, por omissão de atividade compreendida no objeto social, por inobservância dos princípios cooperativos, pela declaração de insolvência[264] e por qualquer outra causa prevista no contrato constitutivo[265]. A redução do número de associados, de sócios ou de cooperantes é causa de dissolução em termos diferenciados[266].

[262] PEREIRA COELHO & GUILHERME DE OLIVEIRA, *Curso de direito da família*, I, cit., p. 585 s, 667 s, 674 ss, 692 ss; DUARTE PINHEIRO, *O Direito da Família contemporâneo*, cit., p. 618 ss.

[263] O artigo 182º não menciona a dissolução, mas a extinção. Todavia os artigos 33º, nº 2, e 175º, nº 4, referem-se genericamente à dissolução da pessoa coletivas.

[264] Esclareça-se porém: 1º apesar do que literalmente dispõe o artigo 141º, alínea e), do CSC, a insolvência de sociedades comerciais nem sempre determina a dissolução desta, porque a homologação de um plano de insolvência pode prever a sua continuidade (CIRE, artigo 234º, nº 1); 2º para as sociedades comerciais, mesmo insolventes (MENEZES LEITÃO, *Direito da Insolvência*, cit., p. 174; RICARDO COSTA, *Código das Sociedades Comerciais em comentário*, vol. II, cit., p. 564) e para as sociedades civis, só com o termo da liquidação ocorre a extinção (nº 3 do mesmo artigo, CSC, artigo 160º, nº 2, Código Civil, artigo 1020º); mas, nas associações e nas fundações, a extinção antecede a liquidação (artigos 184º e 194º; ver, por todos, CARVALHO FERNANDES, *Teoria Geral do Direito Civil*, I, cit., p. 571 ss, 580 ss). Esta dualidade de relações entre a dissolução e a extinção não se justifica, mas as leis vigentes não deixam margem para outra interpretação.

[265] Artigos 1007º e 182º, CSC, artigos 141º e 142º, nº 1, alíneas b, c) e d), Código Cooperativo, artigo 112º, nº 1, alíneas a) a c), f) a g).

[266] Artigos 182º, nº 1, alínea d), 1007º, alínea d), do artigo 142º, nº 1, alínea a), do CSC, e do artigo 112º, nº 1, alínea d), do Código Cooperativo. Outros fundamentos de dissolução: CSC, artigo 143º, Código

O agrupamento complementar de empresas dissolve-se nos termos do contrato e com fundamentos específicos, a saber: quando violar as normas legais que disciplinam a concorrência ou persistentemente se dedicar, como objeto principal, a atividade diretamente lucrativa; a requerimento de membro que houver respondido por obrigações do agrupamento vencidas e em mora (artigo 16º, nº 1, do Decreto-Lei nº 430/73, de 25 de agosto).

Como consequência da dissolução de pessoas jurídicas, e após ela, procede-se à liquidação do respetivo património (artigos 184º, nº 1, e 1010º e seguintes, CSC, artigos 146º e seguintes, CIRE, artigo 234º, nº 4, Código Cooperativo, artigos 113º e seguintes), isto é, ao apuramento do ativo e do passivo, pagamento deste e distribuição do eventual valor remanescente, que será por atribuição proporcional aos sócios, se for uma sociedade (artigo 1018º e CSC, artigo 156º), ou aos agrupados, se for um ACE (artigo 17º do Decreto-Lei nº 430/73). Nas cooperativas, o saldo de liquidação reverte para outra cooperativa (Código Cooperativo, artigo 114º, nº 3); nas associações, os bens sobrantes destinam-se a outra pessoa jurídica sem fim lucrativo ou ao Estado, para a realização, tanto quanto possível, dos fins da pessoa extinta (artigo 166º).

18. Classificações em jeito de resumo

Do que antecede resulta clara a diversidade de atos e de institutos pelo quais cessa a vigência dos contratos: realização plena dos efeitos, reestruturação, distrate, revogação unilateral, resolução (condicional, convencional e legal), denúncia, caducidade, dissolução. Não é possível reconduzir a cessação de vigência dos contratos a um só fator nem sequer a conjunto de fatores de enunciação simples e coordenada. É porém possível e talvez frutuoso proceder a uma série limitada de classificações desses fatores e fundamentos, que servem como um outro modo de resumir o instituto da cessação de vigência de contratos.

Um primeiro critério de classificação tem em conta o interesse prosseguido no contrato, conforme a sua realização ou a sua frustração. Na primeira categoria entra apenas, certamente, a realização plena dos efeitos. Na segunda categoria, insere-se sempre a resolução, em qualquer das suas modalidades. A reestruturação tem como fim ensaiar outro modo de realização do interesse. Todas as restantes modalidades (distrate, revogação unilateral, denúncia, caducidade, dissolução) são bipolares, porque tanto podem ter como base a frustração do interesse como a cessação do interesse que até então o contrato vinha satisfazendo, em maior ou menor grau.

Cooperativo, artigo 112º, nº 1, alíneas e) e i) a k). A fusão e a cisão integral são também fundamento de extinção de sociedades comerciais.

Um segundo critério, mais preciso, distribui os modos de cessação da vigência em quatro categorias, consoante a natureza da sua fonte: bilateral ou contratual (distrate e reestruturação), ato unilateral de uma das partes (resolução convencional e legal, revogação unilateral, denúncia), *ipso facto* (realização plena dos efeitos, condição resolutiva, caducidade[267]) e decisão judicial (revogação da doação, impossibilidade, ilicitude, inobservância do fim, insolvência, estas enquanto determinantes de dissolução). Note-se que nada impede que os sócios deliberem a dissolução de pessoas jurídicas, fundada em impossibilidade, ilicitude ou inobservância do fim (cfr. CSC, artigo 141º), e que qualquer fundamento de cessação de vigência por ser declarado pelo tribunal.

Um terceiro critério distingue os fatores de cessação de vigência, consoante tenham efeitos prospetivos ou retroativos.

A regra é o efeito prospetivo, como sucede em consequência da realização plena dos efeitos, de distrate (salvo cláusula de retroatividade, total ou parcial), de denúncia, de caducidade[268] e de dissolução.

Os efeitos da cessação do contrato por reestruturação (v.g. através de novação objetiva ou de transação) tendem a ser retroativos, mas o tempo de ineficácia pode ser outro em conformidade com a relação entre o novo contrato e o contrato reestruturado.

A revogação unilateral tem geralmente efeito prospetivo (por exemplo, revogação do mandato, resgate), mas a revogação pela contraparte de contrato celebrado com pessoa sem poderes de representação (artigos 268º, nº 4, e 471º) e a revogação no exercício do direito de arrependimento têm efeitos retroativos. Os efeitos da revogação da doação retroagem à data da propositura da ação (artigo 978º, nº 1).

A resolução opera em regra retroativamente; assim, na condição resolutiva, na resolução por incumprimento ou outra justa causa, por aplicação de cláusula contratual, por erro na base do negócio e em benefício da massa insolvente. Mas são várias as exceções, no sentido do efeito prospetivo: o acordo dos contraentes, o conteúdo do contrato, a natureza deste ou a finalidade da resolução (artigos 276º e 434º). A resolução por alteração das circunstâncias e a resolução do contrato de trabalho têm também efeitos meramente prospetivos.

[267] Salvo as exceções indicadas em 16-III e IV.

[268] Salvo se o seu fundamento for genético, por exemplo, na certeza de que a condição suspensiva não pode verificar-se e na extinção por novação, em relação ao contrato novado (*supra* nº 16-VI).

§ 4º OMISSÕES E OUTROS FATORES DE INEFICÁCIA JURÍDICA

19. Remissões e sequência

Alguns fatores de ineficácia (em sentido estrito) já foram considerados em volumes anteriores deste manual, para os quais agora se remete:

- a ineficácia jurídica dos acordos de cortesia e de honra (vol. I, nº 3-II), aos quais agora se aditam outros acordos sem reconhecimento jurídico como a promessa de casamento ou esponsais (artigo 1591º);
- a (in)eficácia das declarações contratuais (vol. I, nºs 38 a 40 e 45)[269];
- a ineficácia por inserção inadequada de cláusulas contratuais gerais em contratos singulares (vol. I, nºs 56-IV e V, 67-II);
- a ineficácia absoluta por omissão de registo constitutivo e a ineficácia relativa por omissão de registo dito declarativo (vol. IV, nº 15-I a III);
- a ineficácia por falta de homologação judicial, de autorização administrativa e de entrega do objeto do contrato (vol. IV, nº 15-IV);
- a ineficácia do ato em fraude à lei, salvo se da lei resultar invalidade (vol. V, nº 26-II).

Alguns destes casos serão todavia considerados adiante no regime geral da ineficácia (§ 5º), conjuntamente com outros fatores de ineficácia.

Os fatores determinantes de ineficácia, a seguir analisados, são: a falta de autorização de quem não é titular; a omissão de comunicações e outras omissões; a inobservância do fim contratual e da forma convencional; a impugnação pauliana.

Na maioria destas situações, e também na maioria daquelas para que se remete[270], a ineficácia resulta da falta de um qualquer ato, que é *conditio juris* da

[269] Todavia já antes (nº 13-III) se fez menção da revogação de declaração contratual, tomando partido a propósito da discutida natureza do direito de arrependimento.

[270] Não é assim nos acordos sem reconhecimento jurídico, na inserção inadequada de cláusulas contratuais gerais, na fraude à lei e na impugnação pauliana.

eficácia. Os contratos que vão servir de exemplos são válidos, por hipótese, mas a sua eficácia plena só se verifica com uma sucessão de atos – o contrato em si mais o *quid* de que a eficácia depende[271].

20. Falta de autorização de quem não é titular

I. *Delimitação*. Na terminologia flutuante da lei, o consentimento e a autorização tanto se referem a atos praticados pelo titular do direito, que conferem legitimidade a quem não é titular (cfr. *supra* nº 7), como a atos praticados por quem não é titular que são necessários para que atos do titular adquiram eficácia. Autorização e consentimento são também palavras que a lei e a doutrina usam para designar alguns atos de suprimento de incapacidade de exercício (vol. V, nº 6).

No presente contexto, está em causa a ineficácia por falta de autorização (ou de consentimento, na nomenclatura legal) de quem não é titular, num quadro distinto da ilegitimidade e da anulabilidade por limitação da capacidade de exercício. Se não fossem estas limitações, estes atos teriam o mesmo âmbito da autorização integrativa, como vem sendo desenhada pela doutrina[272].

Não é fácil, e talvez não seja possível, descortinar uma justificação única para todos os casos em que a lei coloca a eficácia de um ato relativo a um direito na dependência de um outro ato a praticar por quem não é titular desse direito. Apenas se pode dizer que o autorizante é pessoa interessada num ato de outrem, mas seria temerário afirmar que o interesse de outrem determina sempre a sua autorização para que seja eficaz o ato em que tem interesse. Não se pode ir além de fixar um elenco de casos em que a lei expressamente exige a autorização (ou o consentimento) ou em que tal resulta da analogia com estes casos.

II. *Ineficácia por lei expressa ou por analogia*[273]. O consentimento de terceiro, também interessado no depósito e que tenha comunicado ao depositário o seu interesse, é necessário para que a entrega da coisa ao depositante exonere o depositário da obrigação de restituir (artigo 1193º)[274], logo, sem o consentimento do terceiro também interessado no depósito, a entrega ao depositante não é eficaz para extinguir a obrigação de restituição que recai sobre o depositário.

[271] Também se apresentam alguns exemplos de ineficácia de situações jurídicas com perfil semelhante.

[272] P. L. PAIS DE VASCONCELOS, *A autorização*, cit., p. 228 ss (sem distinguir da autorização para conferir legitimidade e suprir incapacidades); AZEVEDO RAMALHO, *Da legitimidade...*, cit., p. 352 s (incluindo o suprimento de incapacidades); mais restrito, CAETANO NUNES, ob. cit., p. 49 ss.

[273] No que se segue, usa-se a terminologia da lei, sem distinguir entre consentimento e autorização.

[274] Para mais desenvolvimento sobre este subtipo do contrato de depósito, J. T. MORAIS ANTUNES, *Do contrato de depósito* escrow, Coimbra, 2007, p. 72 ss.

Em contrato a favor de terceiro, o consentimento do promitente é requisito de que depende a (eficácia) da revogação da promessa pelo promissário[275], se a promessa se fizer também no interesse do promitente (artigo 448º, nº 2, 2ª parte).

O direito das sociedades fornece outros exemplos desta natureza:

A cessão de quotas *inter vivos* não produz efeitos para com a sociedade enquanto não for consentida por esta, a não ser que se trate de cessão entre cônjuges, entre ascendentes e descendentes ou entre sócios (CSC, artigo 228º, nº 2)[276]; a parte de um sócio de uma sociedade em nome coletivo só pode ser transmitida, por ato entre vivos, com o expresso consentimento dos restantes sócios (CSC, artigo 182º, nº 1); a transmissão entre vivos da parte de um sócio comanditado só é eficaz se for consentida por deliberação dos sócios, salvo disposição contratual diversa (CSC, artigo 469º, nº 1).

Em casos semelhantes, a lei exige a autorização, mas não indica expressamente qual a consequência da sua omissão. Por aplicação analógica dos preceitos antes citados, deve entender-se que, sem a respetiva autorização, os seguintes atos são ineficazes em relação a quem neles tenha interesse: revogação do mandato no interesse de terceiro, sem o acordo deste, salvo ocorrendo justa causa (artigo 1170º, nº 2); distrate do contrato de seguro, sem acordo do segurado (LCS, artigo 111º, nº 2); cessão a terceiro de quota de sociedade civil sem consentimento dos outros sócios (artigo 995º, nº 1)[277]; alienação do direito de participar preferencialmente num aumento de capital sem consentimento da sociedade (CSC, artigo 267º)[278].

Em todas estas situações, o titular do direito pode legitimamente[279] dispor desse direito, mas, sem o consentimento de uma categoria de terceiros interessados (a sociedade ou os restantes sócios), a transmissão é ineficaz perante estes, com a consequência de o adquirente não ver reconhecido o seu estatuto de sócio. Este regime justifica-se porque, nos tipos de sociedade visados, a composição concreta do universo acionista pode refletir-se nos interesses da sociedade, seja esta configurada como instituição ou como coletividade.

[275] Que é o titular do direito de revogação da promessa (artigo 448º, nº 2, 1ª parte).

[276] Ver, em sentido semelhante, o artigo 221º, nº 4, do mesmo Código: "No caso de divisão mediante transmissão parcelada ou parcial e salvo disposição diversa do contrato de sociedade, a divisão de quotas não produz efeitos para com a sociedade enquanto esta não prestar o seu consentimento".

[277] PIRES DE LIMA & ANTUNES VARELA, *Código Civil anotado*, vol. II, cit., p. 329.

[278] RAÚL VENTURA, *Alterações do contrato de sociedade*, Coimbra, 1986, p. 194 s (por identidade de razão com o artigo de 228º, nº 2, do CSC).

[279] Segundo o artigo 230º, nº 5, do CSC, o consentimento dado a uma cessão [de quota] posterior a outra não consentida torna esta eficaz, na medida necessária para assegurar a legitimidade do cedente. Segundo o ponto de vista que aqui se adota, a questão não é de legitimidade, porque o consentimento necessário para a eficácia não é um ato do titular do direito, mas de terceiro interessado.

III. *Outras consequências.* A falta de autorização (ou de consentimento) por quem não é titular do direito a exercer nem sempre tem como consequência a ineficácia do ato, entendida esta como ineficácia em sentido estrito, isto é, como ineficácia diferenciada da invalidade. Além dos casos de falta de autorização para suprimento da incapacidade de exercício (vol. V, nº 6), há situações adicionais demonstrativas da dificuldade em construir fundamentações unitárias e distintivas para a invalidade e para a ineficácia *stricto sensu*. Assim:

É nulo o contrato de seguro de vida celebrado sem o consentimento dado pela pessoa segura para a cobertura do risco[280], mesmo que esta pessoa não seja beneficiária do seguro (Lei do Contrato de Seguro, artigo 43º, nºs 1 e 3). É fundamento de justa causa de destituição do gerente ou do administrador e de indemnização o exercício de atividade concorrente com a sociedade ou de funções em sociedade concorrente, sem autorização da sociedade (CSC, artigos 254º, nºs 1 e 5, 398º, nº 3). O penhor extingue-se, se o titular do crédito empenhado receber a prestação sem consentimento do credor pignoratício (artigo 685º, nº 4).

21. Omissão de comunicações e outras omissões

I. *Comunicações omissas.* Dar ou facilitar o conhecimento de um ato é com frequência um ónus de que depende a eficácia desse ato[281]. O conhecimento e a cognoscibilidade usam diversos meios, entre os quais avultam os seguintes: a publicidade, v. g. publicidade registral, que permite o conhecimento por qualquer pessoa ou por um número indeterminado de pessoas, e a comunicação a destinatário determinado. Como já se mencionaram os registos como requisitos de eficácia (cfr. nº 19), concentramo-nos agora nas comunicações recipiendas enquanto ónus de eficácia.

A ineficácia por omissão de notificação ou de outra comunicação está dispersa por vários institutos e preceitos legais. Assim, sem esgotar:

"A cessão [de crédito] produz efeitos em relação ao devedor desde que lhe seja notificada, ainda que extrajudicialmente, ou desde que ele a aceite" (artigo 583º, nº 1). Discute-se se a falta de notificação determina a ineficácia da cessão apenas em relação ao devedor, como entende a opinião maioritária[282], ou também em relação a outros terceiros[283], como melhor me parece. Havendo, como julgo

[280] Isto é, a pessoa em risco, que é, nos seguros de pessoas, a pessoa cuja vida ou integridade física se segura.

[281] Assim, no meu livro *Publicidade e teoria dos registos*, Coimbra, 1966, p .43 s; RAÚL GUICHARD, *Da relevância jurídica do conhecimento no Direito Civil*, Porto, 1996, p. 15 s.

[282] Sobre os fundamentos desta opinião, M. ASSUNÇÃO CRISTAS, *Transmissão contratual do direito de crédito. Do carácter real do direito de crédito*, Coimbra, 2005, p. 379 ss, 567 ss e *passim*.

[283] ALMEIDA COSTA, *Direito das Obrigações*, cit., p. 819 s.

haver, lacuna da lei, ela deve ser resolvida através da aplicação analógica da solução legal aplicável à situação mais próxima (artigo 584º, diretamente aplicável à dupla cessão de créditos), que é também a que melhor se adequa tanto ao interesse geral da transparência dos negócios como à composição dos interesses particulares em conflito, em especial quanto aos interesses dos credores do cedente e do cedido. A aplicação direta do artigo 408º, nº 1, pressupõe que este corresponde a um verdadeiro princípio, quando não passa de uma regra residual, conforme noutro local pretendi demonstrar[284].

O penhor de créditos é ineficaz se não for notificado ao respetivo devedor (ou aceite por este). Para esta regra do artigo 681º, nº 2, 1ª parte, já não faz sequer sentido duvidar que a notificação ao devedor é requisito de eficácia *erga omnes*, vista a natureza real do penhor, que é excludente de um penhor eficaz apenas entre os contraentes.

Há casos em que a autorização ou o consentimento são requisitos necessários para a eficácia do ato autorizado ou consentido (cfr. *supra* nºs 7-IV e 20), mas não suficientes, porque a eficácia depende ainda de comunicação por quem obteve consentimento ou autorização a quem consentiu ou autorizou de que o ato foi praticado. Sem tal comunicação (ou reconhecimento), o ato é ineficaz para quem deu a autorização ou o consentimento.

É assim na cessão da posição contratual (artigo 424º, nº 2) e na sublocação (artigo 1061º, com referência ao artigo 1038º, alíneas f) e g). É assim também na transmissão de quota entre vivos (artigo 228º nº 3), da parte do sócio em sociedades em nome coletivo (artigo 182º, nº 4) e da parte de sócio comanditado (artigo 469º, nº 2, todos do CSC). A amortização de quota, consentida ou não, só se torna eficaz mediante comunicação dirigida ao sócio por ela afetado (CSC, artigo 234º, nº 1).

Sob várias designações (denúncia, reclamação, aviso), a comunicação da existência de defeitos, feita ao vendedor, ao empreiteiro e ao locador, é um ónus para o exercício dos correspondentes direitos do comprador, do dono da obra e do locatário[285]. Sem tais comunicações em tempos fixados por lei, estes direitos tornam-se ineficazes, com a mais radical das consequências: a caducidade.

Outros casos de eficácia dependente de comunicação: a exclusão de sócio de sociedade civil só produz efeito 30 dias após a comunicação ao excluído (artigo 1005º, nº 1); a eficácia da interrupção da prescrição exige citação, notificação ou outro meio de conhecimento do devedor (artigos 323º, nºs 1 e 4, e 636º, nº 1).

[284] *Transmissão contratual da propriedade*, cit.

[285] Artigos 916º, 917º, 921º, nºs 3 e 4, do Código Civil, artigo 471º do Código Comercial, artigo 5º-A do Decreto-Lei nº 67/2003, de 8 de abril (para a compra e venda); artigo 1220º (para a empreitada); e artigos 1033º, alínea d), e 1038º, alínea h) (para a locação).

Em todos os casos antecedentes, a comunicação exigida para a eficácia do respetivo ato compete a uma entidade privada ou agindo no âmbito do direito do direito privado. Mas a eficácia de um ato de direito privado pode depender também de atos públicos: além dos registos (cfr. nº 19), também, por exemplo, a eficácia da alienação potestativa pelos titulares das ações remanescentes resulta de notificação pela Comissão do Mercado de Valores Mobiliários ao sócio com 90% dos direitos de voto ou mais de que estão verificados os respetivos requisitos (CVM, artigo 196º, nº 3); a perda de qualidade de sociedade aberta é eficaz a partir da publicação da decisão favorável da CMVM (mesmo Código, artigo 29º, nº 1).

II. *Outras omissões*. Em regra, as omissões no conteúdo contratual, quando a sua composição é legalmente imperativa, são fatores determinantes de invalidade, quase sempre nulidade (vol. V, nº 28-I). Mas a lei, nalguns (poucos) casos, comina a ineficácia, retomando, nessa parte, o princípio da liberdade de fixação do conteúdo.

É o que sucede, no contrato de sociedade, em relação a:

- vantagens concedidas a sócios em conexão com a constituição da sociedade e dívidas a sócios e a terceiros, a título de indemnização ou de retribuição de serviços prestados durante essa fase, se não constarem do contrato (CSC, artigo 16º);
- estipulações sobre entradas em espécie, se omitirem a natureza, a descrição e o valor (CSC, artigo 9º, nº 1, alíneas g) e h), e nº 2).

No contrato de crédito ao consumo, a omissão de menções a garantias e seguros exigíveis em favor do credor implica a sua inexigibilidade (Decreto-Lei nº 133/2009, de 2 de junho, artigo 13º, nº 4, com referência ao artigo 12º, nº 3, alínea g). A menção a garantias e seguros é pois um ónus e não um dever do credor, pelo que, no contexto, inexigibilidade equivale a ineficácia.

A falta de um pagamento devido é normalmente fundamento de resolução, de exceção de incumprimento e de indemnização. Todavia, "o não pagamento, até à data do vencimento, de um prémio adicional resultante de uma modificação contratual determina a ineficácia da alteração" do contrato de seguro (respetiva Lei, artigo 61º, nº 4). Este preceito está em consonância com o nº 2 do mesmo artigo que impede a prorrogação do contrato por falta de pagamento de anuidades subsequentes devidas por efeito do contrato inicial, o que vale como caducidade por ineficácia[286].

[286] Estas soluções, assim como a "resolução automática" por falta de pagamento do prémio inicial (nº 1 do mesmo artigo), são estranhas ao regime comum dos contratos (*Lei do contrato de seguro anotada*, org. Romano Martinez e o., Coimbra, 2016, p. 273).

22. Inobservância de cláusulas contratuais

A inobservância de cláusulas contratuais determina geralmente o incumprimento do contrato, sendo a resolução e a indemnização as consequências mais comuns. Mas pode ser também fator de ineficácia.

I. A *inobservância do fim contratual* é uma questão complexa e difícil. Em relação aos contratos transmissivos da propriedade e aos contratos atributivos de direitos pessoais de gozo, uns e outros com uma cláusula de afetação do objeto, optei, noutro lugar (vol. IV, nº 26-VII), por duas perspetivas complementares: a violação da obrigação de facto negativo de não lhe dar outro destino ao objeto, que fundamenta a resolução do contrato, e a inobservância do ónus de respeitar o fim, que provoca a perda do direito pelo seu titular.

Nesta vertente, a inobservância do fim contratual é geradora de ineficácia do contrato para o contraente adquirente do direito, a partir do tempo em que pratique algum ato incompatível com o fim ou perca a oportunidade de afetar o objeto ao fim contratual.

Nesta linha, tem-se entendido que o arrendamento por condómino da fração de que é proprietário para fim diferente daquele a que a ela se destina (cfr. artigos 1418º, nº 2, alínea a) e 1422º, nº 2, alínea c) é válido e eficaz entre as partes, mas ineficaz em relação ao condomínio e aos demais condóminos[287]. O argumento literal neste sentido é o nº 1 do mesmo artigo que se reporta às limitações dos condóminos "nas relações entre si".

II. *Inobservância da forma convencional.* Para este efeito, só se tem em vista o contrato ou cláusula contratual (dito, acordo ou convenção) pelo qual se estipula que num contrato especificado ou num conjunto de contratos que as partes venham a celebrar entre si se adotará um escalão formal superior ao que seja legalmente imposto[288]: forma solene em vez de forma escrita; documento particular ou escrito não assinado (por exemplo, telegrama ou *e-mail*) em vez de forma livre.

Uma tal convenção, com forma livre e constante de documento separado ou de contrato-quadro (*pactum de modo contrahendi*; vol. IV, nº 8-IV), faz presumir, diz a lei, que as partes se não querem vincular senão pela forma convencionada (artigo 223º, nº 1). Se a presunção (*juris tantum*) for ilidida ou se a convenção for revogada, ainda que tacitamente, o contrato é formalmente válido. Caso

[287] PIRES DE LIMA & ANTUNES VARELA, *Código Civil anotado*, vol. III, cit., p. 427; acórdão da Relação do Porto, de 25.11.2004, com referências bibliográficas e jurisprudenciais.

[288] O acordo sobre a forma de contrato já celebrado não tem eficácia *ad substantiam* (cfr. artigo 223º, nº 2). A estipulação que indique nível inferior ao legal é nula por violação de norma imperativa (artigo 294º, com referência ao artigo 220º).

contrário, o texto vale apenas como minuta[289], sendo ineficaz como contrato[290]. A nulidade está excluída *a contrario* pelo artigo 220º, que só comina a nulidade para a inobservância de forma legal[291].

23. Impugnação pauliana

A impugnação[292] pauliana é um meio de conservação da garantia patrimonial dos credores que está sujeita aos seguintes requisitos cumulativos: ser o crédito do impugnante anterior ao ato impugnado ou posterior a este ato, se realizado com dolo; resultar do ato a impossibilidade para o credor de obter a satisfação integral do seu crédito; existir má fé do devedor e do terceiro, se o ato for oneroso (artigos 610º e 612º).

Apesar de alguma controvérsia, a opinião maioritária, que me parece correta, vai no sentido de que o ato impugnado com êxito é válido[293], mas ineficaz em relação ao credor impugnante[294-295]. O consequente ato de restituição ao patri-

[289] OLIVEIRA ASCENSÃO, *Acções e factos jurídicos*, cit., p. 63.

[290] C. MOTA PINTO, *Teoria geral do direito civil*, cit., p. 439; 305; JOANA VASCONCELOS, *Forma convencional*, Comentário ao Código Civil. Parte Geral (org. Carvalho Fernandes e o.), Lisboa, 2014, p. 501 ss (p. 503).

[291] Segundo o § 125, 2, do *BGB*, a inobservância de forma convencional gera, na dúvida, também nulidade. A dúvida sobre o alcance do acordo (constitutivo ou probatório) resolve-se por interpretação (H. PALM, *Willenserklärung*, em ERMAN, *BGB*, 12ª ed., Köln, 2008, I, p. 270 ss, § 125, an. 7).

[292] No sentido próprio e restrito que lhe atribui uma parte da doutrina: OLIVEIRA ASCENSÃO, *Acções e factos jurídicos*, cit., p. 403 s; CARVALHO FERNANDES, *Teoria Geral do Direito Civil*, vol. II, cit., p. 544 s, ambos citando obras portuguesas anteriores. Mas impugnar e impugnação são palavras que a lei também usa em sentido muito amplo para referir a contestação da existência, da validade ou da eficácia de um ato (artigos 642º, nº 2, 698º, nº 2, 765º, nº 2, 993º, nº 2, 1433º, nº 1, 1859º ss) ou de uma relação jurídica (impugnação da paternidade, artigos 1838º ss) ou a veracidade de um documento (artigos 368º, 374º, nº 2).

[293] PIRES DE LIMA & ANTUNES VARELA, *Código Civil anotado*, vol. I, 4ª ed., Coimbra, 1987, p. 633; J. CURA MARIANO, *Impugnação pauliana*, 2ª ed., Coimbra, 2008, p. 93.

[294] CURA MARIANO, *Impugnação pauliana*, cit., p. 87, 91; CARVALHO FERNANDES, *Teoria Geral do Direito Civil*, II, cit., p. 544 s (colocando a impugnação pauliana entre as causas da ineficácia *stricto sensu*); A. RIBEIRO MENDES, *Exercício da impugnação pauliana e a concorrência entre credores*, Estudos em homenagem à Professora Doutora Isabel de Magalhães Collaço, Coimbra, 2002, vol. II, p. 417 ss, p. 423, 443 s, 454; ROMANO MARTINEZ & FUZETA DA PONTE, *Garantias de cumprimento*, 5ª ed., Coimbra, 2005, p. 21 s; G. REIS MARTINS, em *Código Civil anotado* (org. Ana Prata), cit., I, p. 797; acórdãos do STJ de 31.05.2005 e de 7.04.2012, da Relação de Coimbra de 18.01.2005 e da Relação de Guimarães de 30.04.2015.

[295] Contra, L. MENEZES LEITÃO, *Direito das obrigações*, vol. II, *Transmissão e extinção das obrigações. Não cumprimento e garantias do crédito*, 7ª ed., Coimbra, 2010, p. 320, para quem a tese da ineficácia não é compatível com a aquisição pelo credor de pretensões próprias de restituição (note-se porém que a ineficácia não é excludente de diversas consequências, entre as quais a restituição). MENEZES CORDEIRO, *Direito das Obrigações*, tomo IV, cit., p. 529, não vai além de afirmar que o ato impugnado fica desvalorizado. Contra a jurisprudência dominante, o acórdão do STJ de 15.01.2004 julgou ato impugnado pela ação pauliana como "totalmente válido e eficaz, apenas sofrendo um certo enfraquecimento".

mónio do devedor, para eventual execução pelo credor (artigo 616º, nº 1), pode ser exigido por este à contraparte do devedor ou a terceiro subadquirente: se o negócio for gratuito, na medida do seu enriquecimento; se for oneroso, quando haja má fé dos intervenientes (artigos 612º, 613º e 616º, nºs 2 e 3).

É pois exagerada a afirmação de que, por efeito da ação pauliana, "tudo se passa como se a venda não tivesse ocorrido[296]. A ineficácia é relativa, sendo o ato inoponível ao credor impugnante[297], mas não à generalidade dos credores[298]. Aquela consequência radical nem sequer é rigorosa em relação ao credor impugnante[299], porque, mesmo para este, as consequências são diversas, consoante a natureza gratuita ou onerosa do ato e a boa ou a má fé das pessoas potencialmente afetadas.

[296] Acórdão do STJ de 20.03.2014.

[297] RIBEIRO MENDES, *Exercício da impugnação pauliana...*, cit., p. 454.

[298] CURA MARIANO, ob. cit., p. 87. Diz o sumário do acórdão do STJ de 08.07.2015: "Ao contrário da resolução em benefício da massa insolvente, que tem como consequência a reversão para a massa insolvente dos bens objeto do negócio visado pela declaração resolutiva, em benefício coletivo de todos os credores, a impugnação pauliana traduz-se num direito pessoal de restituição, apenas se fazendo valer através dela um direito de crédito à restituição na medida exigida pelo exclusivo interesse do credor que a exerce. O interesse no efeito da impugnação pauliana é singular e exclusivo do credor que intenta a ação; o interesse no efeito da ação de declaração de nulidade é coletivo, comum a todos os credores da massa insolvente".

[299] Como escreveu M. C. CAMPOS VALENTE, *O Requisito da Má Fé na Impugnação Pauliana*, Lisboa, 2014, p. 19 (https://repositorio.ucp.pt/bitstream/10400.14/15658/1/Tese%20de%20Mestrado%20O%20 requisito%20da%20m%C3%A1%20f%C3%A9%20na%20impugna%C3%A7%C3%A3o%20pauliana%20v.final%2028.03.2014.pdf).

§ 5º CONTRIBUTOS PARA O REGIME GERAL DA INEFICÁCIA

24. Método

Como se vem salientando, a ineficácia em sentido estrito tem fundamentos heterogéneos e não dispõe de um regime legal comum. Daí, a dificuldade em construir um corpo comum, ainda que dotado de especialidades.

O método que aqui se segue para enunciar alguns contributos para uma teoria geral da ineficácia consiste em aproveitar os diversos fragmentos de regimes legais e as inferências deles extraídas para descortinar convergências ou agrupar as divergências em categorias homogéneas. Os regimes legais parcelares constituem geralmente o ponto de partida para testar generalizações, mas a adoção ou a rejeição destas depende do teste de aplicação hipotética a casos de regime omisso[300].

Este método potencia o risco de repetições, neste §, de ideias e de frases de §§ anteriores. Para as minimizar, usam-se remissões explícitas ou implícitas, que o índice analítico desta obra ajudará a compreender.

O regime das invalidades, aliás também diversificado (vol. V, § 3º), serve de inspiração para o elenco das questões e, por vezes, para descobrir soluções, por semelhança ou por contraste. Não se exclui o recurso à criação de normas *ad hoc*, conforme admite o artigo 10º, nº 3.

No final, esboçam-se umas tantas proposições conclusivas, que, além de servirem como síntese, pretendem demonstrar que um regime legal da ineficácia em geral seria afinal tarefa exequível e não demasiadamente complexa.

25. Invocabilidade

I. Sobre a *legitimidade para a invocação da ineficácia*, não há na lei qualquer regra geral. A aplicação a todas as situações de ineficácia *stricto sensu* do regime da nulidade

[300] A aplicação específica à ineficácia para a proprietário por venda de bem alheio foi ensaiada no artigo em homenagem ao Doutor Joaquim de Sousa Ribeiro, que referi na nota 31.

(invocabilidade por qualquer interessado e conhecimento oficioso; cfr. artigo 286º) seria excessiva, atendendo à diferente fundamentação tendencial das duas modalidades de ineficácia: na invalidade, um desvalor jurídico reportado a um requisito intrínseco do ato; na ineficácia em sentido estrito, geralmente, um fator extrínseco ao ato e não valorativo deste (ver *supra* nº 1-II).

Para descortinar o regime aplicável, são lícitas algumas inferências, deônticas ou mesmo tautológicas, que auxiliam a busca de critérios de invocabilidade:

- quem tem o direito potestativo de provocar a ineficácia (por exemplo, através de resolução ou de denúncia) tem também o direito de a invocar;
- a ineficácia pode ser invocada por quem é diretamente protegido pela norma que a estabelece (por exemplo, a pessoa de cuja autorização ou de cujo conhecimento depende a eficácia de um ato);
- a ineficácia gerada por factos com consequências que operam por si só (*ipso facto, ipso jure*), independentemente do seu conhecimento ou da sua invocação, pode ser considerada oficiosamente;
- a ineficácia cominada no interesse público (por exemplo, por fraude à lei; ver nº 19) é também de conhecimento oficioso;
- se a ineficácia for de conhecimento oficioso, pode ser invocada por qualquer interessado e, inversamente, a ineficácia *erga omnes*, logo invocável por qualquer interessado, também é de conhecimento oficioso, porque uma e outra destas possibilidades pressupõem o interesse público.

Neste quadro, parece-me admissível formular os seguintes critérios gerais:

1º São de conhecimento oficioso, e portanto invocáveis por qualquer interessado[301], as seguintes categorias de ineficácia *stricto sensu*: a ineficácia consequente de factos que operam por si só, por exemplo, o termo e a condição; a ineficácia justificada por relevante interesse público (ordem pública, normas imperativas de interesse público, normas de proteção de uma classe de pessoas). A ineficácia é então absoluta.

2º Em qualquer outro caso, a ineficácia em sentido restrito, à semelhança da anulabilidade (cfr. artigo 287º), pode ser invocada pela pessoa ou pessoas em cujo interesse a lei a estabelece; a invocabilidade é extensível aos credores da pessoa legitimada para a invocação, se se verificarem os requisitos da ação sub-rogatória (artigo 606º e seguintes). A ineficácia é então relativa.

[301] Para a delimitação do universo dos interessados, aplica-se, por analogia, o critério enunciado para a nulidade (vol. V, nº 32-I).

A seguir, exemplificam-se as situações a que, a um tempo, se aplicam estes critérios e que os justificam.

São de *conhecimento oficioso* e invocáveis por qualquer interessado as seguintes situações de ineficácia decorrente de factos que operam por si só (*ipso facto* ou *ipso jure*), a saber:

- a suspensão inicial (nº 12-I), a condição resolutiva e a caducidade do contrato, por efeito de termo, certo ou incerto (v. g. a morte)[302];
- a dissolução do casamento, por morte ou por divórcio (*supra* nº 17-II).

São também de conhecimento oficioso e invocáveis por qualquer interessado situações de ineficácia justificada por relevante interesse público, tais como:

- provocada por atos criminosos ou praticados em fraude à lei (cfr. vol. V, nº 26-II);
- resultante de omissão da necessária homologação judicial ou autorização administrativa (vol. IV, nº 15-IV);
- suspensão superveniente de direitos, por efeito de norma imperativa (nº 12-II);
- dissolução de pessoa jurídica e consequente cessação do contrato pelo qual se formou (*supra* nº 17-III), nos casos em que a iniciativa pertence a entidades públicas[303] ou resulta da declaração de insolvência (artigos 182º, nº 1, alínea e), 1007º, alínea e); CSC, artigo 141º, alínea e); Código Cooperativo, artigo 112º, nº 1, alínea g);
- revogação no exercício do direito de arrependimento (*supra* nº 13-III)[304].

Em relação ao registo constitutivo do casamento, de sociedade comercial, de hipoteca, de direitos sobre valores mobiliários (vol. IV, nº 15-I e II), as consequências da sua omissão – não produção de quaisquer efeitos enquanto tal, mesmo entre as partes – são de tal modo próximas das consequências da nulidade, que o mais ajustado é também o conhecimento oficioso e a invocabilidade por qualquer pessoa da omissão do respetivo registo.

302 É pacífico que o termo e a condição operam geralmente *ipso facto* (vol. IV, nºs 17-IV e 18-V). Os casos em que tal não sucede foram referidos no nº 16-II e III, *supra*.

303 O Ministério Público, para a dissolução por ilicitude superveniente de associação (artigo 183º, nº 2), de sociedade comercial (CSC, artigos 172º s) e de cooperativa (Código Cooperativo, artigo 118º, nº 1); o serviço de registo competente, para a dissolução de sociedade comercial (CSC, artigo 143º).

304 Por exemplo, em ação para a resolução ou a anulação de contrato de consumo, de seguro ou de trabalho, em que se não invoque, mas esteja provado, o arrependimento eficiente do consumidor, do tomador do seguro ou do trabalhador, pode o juiz conhecer do arrependimento *ex officio*, independentemente da procedência do pedido de resolução ou de anulação.

A ineficácia é invocável pelo *contraente a quem aproveita* nas seguintes hipóteses:

- inserção inadequada de cláusulas contratuais gerais em contratos singulares (vol. I, nºs 56-IV e V, 67-II)[305];
- acordos sem reconhecimento jurídico (vol. I, nº 3-II, e *supra* nº 19);
- falta de entrega do objeto do contrato, quando seja requisito da transmissão da titularidade (vol. IV, 15-IV, *in fine*)[306];
- suspensão superveniente (*supra* nº 12), se não operar *ipso jure*;
- realização plena dos efeitos do contrato (*supra* nº 13-II);
- revogação unilateral do contrato (*supra* nº 13-III), salvo no exercício do direito de arrependimento;
- resolução (dita) convencional, resolução legal fundada na perturbação da base do negócio, em incumprimento e em justa causa (*supra* nº 14):
- denúncia (*supra* nº 15);
- caducidade, quando não opera *ipso facto* (*supra* nº 16-III e IV);
- inobservância do fim contratual e da forma convencional (*supra* nº 21).

Como a revogação, a resolução e a denúncia são atos de execução de direitos potestativos que se efetivam por comunicação à contraparte, o exercício desses direitos dispensa a invocação autónoma da ineficácia consequente, implicitamente invocada no ato de exercício do direito de extinção do contrato.

A ineficácia é invocável pelo *terceiro*[307] *titular* da situação jurídica pretensamente afetada nas seguintes situações de ilegitimidade:

- pelo pretenso representado, em caso de representação sem poderes e de abuso de representação (*supra* nºs 4 e 9-I, *in fine*);
- pelo titular do direito, em caso de alienação e de oneração de direitos alheios (*supra* nº 5)[308], de falta de consentimento[309] (ou de autorização) do

[305] O conhecimento será todavia oficioso por quem entenda que a inadequada inserção envolve inexistência (cfr. vol. V, nº 2-I).

[306] Exemplos: entrega ao adquirente ou a terceiro para depósito, em contratos transmissivos de direitos incorporados em títulos de crédito em papel, à ordem e ao portador. O contraente a quem aproveita a ineficácia é, nestes casos, o alienante, mas a invocação poderá estar excluída se se verificarem os requisitos do abuso de direito.

[307] Terceiro, no sentido genérico de pessoa que não interveio no contrato.

[308] Na alienação ou oneração de bens alheios, o contraente na posição de adquirente ou de credor pode, conforme as circunstâncias, pedir a declaração de nulidade do contrato ou exigir o seu cumprimento, mas não tem legitimidade para invocar a ineficácia para o titular. Por isso, não me parece exata a afirmação de que a ineficácia do penhor por falta de legitimidade "opera *ipso jure*, já que essa oneração constitui *res inter alios*" (acórdão do STJ de 05.05.2011).

[309] Sem justificação expressa, P. L. PAIS DE VASCONCELOS, *A autorização*, cit., p. 454 s, sustenta que é oficioso o conhecimento da ineficácia de atos de administração não ordinária de bens comuns (artigo

titular ou do cotitular (*supra* nº 7) e de extinção de direitos de crédito (*supra* nº 6-III);

- pelo pretenso titular, na criação de direitos para outrem em casos não previstos na lei (*supra* nº 6-II);
- pelo devedor, na extinção de obrigações de outrem, fora dos casos previstos na lei (*supra* nº 6-III);
- pelo pretenso devedor, na criação de obrigações para outrem (*supra* nº 6-I).

A ineficácia é invocável por *outros interessados específicos*, nas seguintes situações:

- pela pessoa legitimada para a autorização, quando esta deva ser concedida por quem não é titular (*supra* nº 19);
- pela pessoa a quem deva ser notificado ou comunicado o ato (*supra* nº 20);
- pelo credor afetado, na impugnação pauliana[310] (*supra* nº 22);
- pelo administrador da massa insolvente, em defesa dos interesses envolvidos (*supra* nº 8);
- pela pessoa interessada e por qualquer associado, sócio ou membro de cooperativa, se houver fundamento para a dissolução da pessoa jurídica e consequente cessação do contrato pelo qual se formou (*supra* nº 17-III), ou se se verificar incompatibilidade superveniente para o exercício de funções orgânicas (*supra* nº 9-I).

A omissão de registos (ditos) declarativos de que dependa a oponibilidade *erga omnes* (v. g. registo de imóveis e de automóveis; cfr. vol. IV, nº 15-III) é invocável por qualquer pessoa diferente dos contraentes. O mesmo regime se aplica à omissão da notificação da cessão de créditos, se se entender que a ineficácia derivada de tal omissão é oponível *erga omnes* (*supra* nº 20-I).

Em todas as situações em que a legitimidade para invocar a ineficácia *stricto sensu* pertence a pessoas determinadas (com relevo para contraentes e titulares de direitos), podem os respetivos credores exercer a ação sub-rogatória, se estiverem satisfeitos os requisitos do artigo 606º: omissão do devedor no exercício de um direito de conteúdo patrimonial contra outrem; essencialidade da ação sub-rogatória para satisfação ou garantia do direito de quem a pretende exercer.

1678º, nº 3) praticados por um dos cônjuges sem consentimento do outro. Aplicando os critérios acima enunciados, concluo, pelo contrário, que a invocabilidade é restrita ao outro cônjuge.

[310] RIBEIRO MENDES, *Exercício da impugnação pauliana...*, cit., p. 454 s, exclui a concorrência na ação pauliana de outros credores, além do requerente. Os acórdãos do STJ de 19.11.1998 e de 24.10.2002 pronunciaram-se a favor da admissibilidade de qualificação oficiosa do pedido e de correção deste, mas não puseram em causa a necessidade de iniciativa judicial do credor.

II. *Legitimidade passiva.* Em regra, tal como para as invalidades (vol. V, nº 32-IV), aplicam-se à invocação da ineficácia as regras processuais de legitimidade passiva (Código do Processo Civil, artigo 30º). Assim, tem legitimidade passiva em ações para a declaração ou o reconhecimento de ineficácia *stricto sensu* quem, seja contraparte seja terceiro, poderia obter, com a eficácia do ato, alguma vantagem, jurídica ou prática, patrimonial ou não.

Está em posição natural de legitimidade passiva a pessoa que praticou o ato ineficaz (por exemplo, a contraparte, na representação sem poderes, o comprador de bem alheio, o autor do ato praticado sem o consentimento, a autorização ou a comunicação exigíveis), assim como o contraente beneficiado com a vigência de contrato que a contraparte sustenta estar suspenso ou ter cessado. Na dissolução de pessoas jurídicas, estas e as pessoas que nelas participam têm legitimidade passiva ativa ou passiva, consoante sejam favoráveis ou desfavoráveis à dissolução.

A legitimidade passiva em controvérsias sobre a ineficácia *stricto sensu* pertence igualmente aos sucessores e às contrapartes das pessoas naturalmente legitimadas, aos subadquirentes e aos credores, se tiverem interesse relevante em contradizer a pretensão de ineficácia.

Sucede porém que (uma vez mais como nas invalidades; cfr. vol. V, loc. cit.) uma ação com este objeto não pode ser intentada apenas contra uma pessoa indiretamente envolvida, sem intervenção do legitimado passivo natural. Assim se evitam situações incoerentes e perturbadoras como seriam, por exemplo, a venda de bem alheio ser ineficaz para um credor do proprietário, continuando a ser eficaz para este, ou a caducidade de um contrato ser declarada apenas em relação a um terceiro não-contraente.

Além disso, há casos contados em que a legitimidade passiva de terceiros está excluída por força dos limites subjetivos da ineficácia: a revogação por ingratidão do contrato de doação não afeta direitos adquiridos por terceiros (artigo 979º; *supra* nº 13-III); a declaração de resolução não prejudica os direitos adquiridos por terceiro, exceto se, em relação a bens sujeitos a registo, a ação de resolução houver sido registada antes do registo por terceiro (artigo 435º; *supra* nº 14-V); "a cessação do contrato de seguro não prejudica os direitos adquiridos por terceiros durante a vigência do contrato" (Lei do Contrato de Seguro, artigo 108º, nº 1; *supra* nº 14-V).

III. *Oportunidade.* Salvo raríssimas exceções[311], não há regras legais sobre o tempo para a invocação da ineficácia *stricto sensu*.

[311] "O direito de impugnação [pauliana] caduca ao fim de cinco anos, contados da data do ato impugnável" (artigo 618º).

A regra da invocabilidade da nulidade a todo o tempo (artigo 286º) parece excessiva para aplicação à ineficácia em sentido restrito, pela razão já referida para a legitimidade para a invocação (*supra* I).

As regras aplicáveis à anulabilidade – arguição no ano subsequente à cessação do vício que lhe serve de fundamento, mas sem dependência de prazo, enquanto o contrato não estiver cumprido (artigo 287º) – não são, sem mais, extensíveis por analogia à ineficácia em sentido restrito, porque a ineficácia não tem como fundamento um vício na decisão e porque a situação mais próxima da cessação do vício, que seria a cessação do fundamento da ineficácia, elimina, pura e simplesmente, a base para a sua invocação.

É pois necessário recorrer ao derradeiro dos critérios de integração de lacunas da lei[312]: "a norma que o próprio intérprete criaria, se houvesse de legislar dentro do espírito do sistema" (artigo 10º, nº 3). Para o efeito, das regras aplicáveis às invalidades extrai-se alguma inspiração para o regime do tempo de invocação da ineficácia.

Tal como na legitimidade ativa, é conveniente distinguir entre conhecimento oficioso (mais próximo do regime da nulidade) e a invocabilidade restrita (mais próxima do regime da anulabilidade).

Começando por esta. É evidente que o tempo para a invocabilidade não pode ser anterior ao conhecimento, efetivo ou presumido, da ineficácia por quem tem legitimidade para a invocar. Resta saber qual o prazo da invocação a partir do conhecimento. A resposta mais compreensiva e justificável é que a ineficácia deve ser invocada em prazo razoável, tendo em conta as circunstâncias[313]. Este critério do prazo razoável, recorrente, por exemplo, no *DCFR*[314], onde é empregue, para diversos efeitos, 55 vezes, com destaque para o prazo de anulação (artigo II. – 7:210), não é ignorado na lei portuguesa para outras situações (por exemplo, nos artigos 260º, nº 1, 436º, nº 2, 924º, nº 3, 1218º, nº 2), mas é pouco usado. Por isso, vale a pena adiantar uma sugestão sobre qual seja um prazo razoável para este efeito.

Três anos a partir do conhecimento do fundamento da ineficácia parece ser, em geral, um prazo razoável, porque é o prazo frequentemente indicado pelo Código Civil para a perda de direitos a diversos títulos (por exemplo, artigos 291º, nº 2, 482º, 498º, nºs 1 e 2, 693º, nº 2, 1299º, 1366º, nº 1, 1379º, nº 2, 1644º, 1687º, nºs 2 e 3, 1842º, nº 1). Terminado o tempo da invocabilidade, esta caduca (*infra* 27-II).

[312] No caso, uma lacuna intencional; cfr. nota 6.

[313] Discordo pois da invocabilidade a todo o tempo da ineficácia de atos de administração não ordinária de bens comuns, como entende P. L. PAIS DE VASCONCELOS, loc. cit. na nota 307.

[314] Cfr. nota 75 *supra*.

Perguntar-se-á se, para a ineficácia perante o proprietário da alienação de bem alheio, este prazo não conflitua com a perpetuidade tendencial do direito de propriedade e com os prazos mais longos da usucapião. A resposta negativa tem múltiplo fundamento: a regra que se sugere é a de caducidade de invocação do direito de propriedade em prazo razoável, tendo em conta as circunstâncias, sendo o prazo de três anos apenas indicativo; este prazo não poderá favorecer em caso algum a pretensa aquisição por ato criminoso; a inércia no exercício de direito pode ser interpretada como ratificação tácita ou conduzir à aquisição por *supressio*.

Se o conhecimento da ineficácia for oficioso, em defesa de interesse público muito relevante (v. g. fraude à lei, dissolução do casamento), é lógico que o tribunal ou qualquer interessado possam invocar a ineficácia a todo o tempo, tal como sucede para a nulidade. Mas, noutras hipóteses de conhecimento oficioso (v. g. em consequência de termo, de condição ou de revogação no exercício do direito de arrependimento), o tribunal deve abster-se de conhecer *ex officio* da ineficácia ou admitir a invocação por qualquer interessado, se tiver passado tempo mais do que razoável para a iniciativa do interessado, revelador de inércia injustificada. Nestes casos, a tarefa do julgador pode estar simplificada pela ocorrência de fundamento para o abuso de direito, designadamente quando ligado a *supressio*, *surretio* ou *venire contra factum proprium*[315].

IV. *Modo de exercício.* Alguns – pouco – direitos potestativos determinantes de ineficácia só podem ser exercidos em ação judicial: a impugnação pauliana[316], a revogação da doação fundada em ingratidão do donatário (artigo 978º, nº 1), a invocação da ineficácia de atos praticados pelo insolvente (que se faz no decurso do processo de insolvência), a resolução do arrendamento urbano, nos casos previstos no artigo 1084º, nº 2. Para outros casos de resolução do contrato de locação vale o artigo 1047º, expresso em admitir as vias judicial e extrajudicial. A resolução por alteração das circunstâncias ou erro na base do negócio pode ser efetuada por via judicial ou extrajudicial[317], como se depreende da remissão do artigo 439º para o artigo 436º.

[315] Isto é, inadmissibilidade, por abuso, de exercer um direito próprio (*supressio*) ou de contrariar o exercício de direito alheio (*surretio*), por efeito do decurso do tempo, sem se verificarem os requisitos da prescrição ou da usucapião, ou na sequência de comportamento contraditório (*venire contra factum proprium*) – cfr. MENEZES CORDEIRO, *Tratado de Direito Civil Português. I. Parte Geral*, tomo IV, cit., p. 313 ss, 275 ss.

[316] CURA MARIANO, *Impugnação pauliana*, cit., p. 279.

[317] MENEZES LEITÃO, *Direito das Obrigações*, vol. II, cit., p. 143; acórdão da Relação de Coimbra, de 19.04.2005.

Tal como para as invalidades (cfr. vol. V, nº 32-VI), a via extrajudicial é possível para qualquer outra hipótese, embora as situações de litígio incitem, na prática, a recorrer aos tribunais. Se a ação judicial for a via necessária para a declaração de ineficácia, o reconhecimento desta por sentença transitada em julgado pode ser posteriormente invocado por qualquer meio. A admissibilidade de conhecimento oficioso da ineficácia não impede que seja invocada extrajudicialmente. Mesmo quando opera *ipso facto* ou *ipso jure*, pode o interessado ter vantagem prática em declarar a ineficácia perante outrem ou pedir o seu reconhecimento em tribunal.

Para o exercício de direitos potestativos geradores de ineficácia ou para a invocação desta, não se exige em regra forma especial, podendo a declaração ser expressa ou tácita. Há todavia um conjunto de preceitos legais que exigem a comunicação escrita (v. g. da denúncia do contrato de arrendamento rural, artigo 19º, nº 1, do citado Decreto-Lei nº 294/2009, do contrato de agência, artigo 28º, nº 1, do citado Decreto-Lei nº 178/86). O Código do Trabalho contém vários artigos que exigem a forma escrita para efetivar diferentes modalidades de cessação do contrato. A forma escrita é exigida para o distrate do arrendamento de prédio urbano (artigo 1082º, nº 2).

O pré-aviso é requisito da denúncia em vários tipos contratuais (ver *supra* nº 15-II e III).

26. Consequências

I. *Para o ato jurídico ineficaz e para quem nele participa. Efeitos negativos.* Qualquer fundamento de ineficácia impede a produção de efeitos do contrato para quem nele participa. A ineficácia por cessação de vigência (nºs 13 a 18) suscita algumas questões específicas, visto que alguns efeitos podem subsistir[318] e outros se podem gerar (ver *infra* II).

A ineficácia é geralmente prospetiva, mas pode ser também retroativa, conforme seja reportada apenas a tempo futuro ou também a tempo anterior ao fator que a gerou. A retroatividade ou decorre da lei ou da finalidade típica do fundamento de ineficácia. A questão das consequências temporais da ineficácia coloca-se com especial acuidade nos casos de cessação de vigência, que, antes, foram sendo analisados (nºs 13 a 17, com resumo no nº 18).

Na cessação do contrato, a ineficácia é tendencialmente total, ainda que reportada a tempos diferentes conforme os efeitos a que se refere. A ineficácia de contratos é igualmente total se faltar registo constitutivo, homologação judicial

[318] Por exemplo, o uso do apelido do ex-cônjuge (artigo 1677º-B). No contrato de seguro, "a obrigação do segurador de efetuar a prestação decorrente da cobertura do risco, desde que o sinistro seja anterior ou concomitante com a cessação e ainda que este tenha sido a causa da cessação do contrato (artigo 106º, nº 2, da respetiva Lei). Mas este preceito não passa de um esclarecimento sobre a vigência do contrato.

ou autorização administrativa, se forem celebrados com inobservância da forma convencional ou se forem realizados em fraude à lei. A falta e o abuso de poderes de representação causam ineficácia total, objetiva e subjetiva, abrangendo o alegado representado, o pretenso representante[319] e a contraparte (*supra* nº 4-I), salvo eventual ratificação (ver *infra* nº 27-IV). Os acordos sem reconhecimento jurídico são ineficazes como contratos.

É ainda total a ineficácia de contratos e de negócios jurídicos unilaterais cujo único efeito seria a oneração de bem alheio, a criação e a extinção de efeitos desfavoráveis ou favoráveis para outrem sem a correspondente legitimidade.

Noutras situações, a ineficácia de contratos é apenas parcial, em relação a diferentes aspetos.

O contrato sofre de ineficácia parcial objetiva, porque produz outros efeitos, se for inábil para o efeito de transmissão da titularidade, como sucede, se o contrato for válido e mesmo inválido, na alienação de bem alheio, que é compatível com a subsistência de efeitos obrigacionais (ver *supra* nº 5).

A ineficácia parcial é subjetiva, se for determinante de inoponibilidade a quem deva dar o consentimento ou a autorização, seja ou não titular, e a quem deva ser destinatário de comunicação. Os atos praticados pelo insolvente são ineficazes em relação à massa insolvente e o ato impugnado com êxito em ação pauliana é inoponível ao credor impugnante. A omissão de registo declarativo gera inoponibilidade a terceiros.

A ineficácia parcial subjetiva tem frequentes repercussões no âmbito objetivo da ineficácia. Assim, a inoponibilidade à sociedade de um contrato para transmissão de participação social quase esvazia o conteúdo desta para o adquirente, que não está legitimado para exercer qualquer dos direitos sociais (voto, lucro, preferências, informação). A ineficácia não é todavia total, porque o adquirente tem legitimidade para retransmitir a sua nua titularidade residual[320].

Em todos os casos de ineficácia parcial, objetiva ou subjetiva, mantêm-se, entre os contraentes, os efeitos obrigacionais do contrato válido, sem prejuízo da invocação de erro, exceção de incumprimento ou impossibilidade.

A ineficácia é parcial, quanto ao tempo, durante o período de pendência do termo inicial, da condição suspensiva (que se venha a realizar) e da suspensão superveniente do contrato.

[319] Estes estão em posição singular: não são contraentes, mas, na terminologia legal e tradicional e no respetivo regime, também se não podem qualificar como terceiros.

[320] Mas a ineficácia é mais radical para os contratos para a transmissão de ações nominativas sem autorização da sociedade, quando tal esteja previsto no contrato de sociedade (CSC, artigos 328º, nº 2, alínea a), e 329º). A ineficácia exclui então o efeito transmissivo da titularidade, porque esta depende do registo da transmissão pela sociedade (cfr. A. SOVERAL MARTINS, *Cláusulas do contrato de sociedade que limitam a transmissibilidade de acções*, Coimbra, 2006, p. 566 ss).

Todas estas consequências são negativas, porquanto consistem na omissão de efeitos.

II. Mas a ineficácia gera também *efeitos positivos*. Um efeito positivo consequente da própria natureza da ineficácia do contrato, causada por cessação de vigência, é o dever de restituição daquilo que tiver sido recebido no âmbito do contrato[321]. Esta obrigação aplica-se a todos as modalidades de cessação com efeito retroativo: cfr. o artigo 433º que, neste ponto, remete para os artigos 289º e 290º, no quadro da equiparação dos efeitos da resolução aos efeitos da invalidade, e as disposições legais que determinam a restituição do preço pago e dos bens recebidos, em caso de exercício do direito de arrependimento por consumidor[322].

A obrigação de restituição existe também por efeito da cessação de contratos duradouros, mesmo que a ineficácia se projete apenas para o futuro (por exemplo, na sequência de distrate, denúncia ou caducidade), sempre que, ao tempo da cessação, um dos contraentes tenha em seu poder alguma coisa que pertence ao outro contraente. Assim resulta de lei expressa no regime dos contratos de locação, de trabalho (cfr. *supra* nº 14-V) e de depósito (artigo 1201º), aplicáveis por analogia aos contratos de empreitada, de mandato e a outros contratos de prestação de serviço. Na dissolução, não há propriamente restituição, sendo a partilha e a liquidação os seus sucedâneos.

Nestas e noutras hipóteses de ineficácia, ocorre eventualmente um efeito adicional de indemnização pelos danos causados com fundamento em responsabilidade civil pela prática de facto ilícito[323]: fraude à lei, incumprimento, contrato ou operação sem a devida permissão do titular do direito.

Como se viu, há também casos em que são devidas compensações, por vezes designadas como indemnizações, que são inerentes à cessação lícita do contrato: despedimento coletivo, por extinção do posto de trabalho e por inadaptação; caducidade do contrato de trabalho por ocorrência do termo certo, do termo incerto e do encerramento da empresa; denúncia do contrato de arrendamento rural e desistência do dono da obra; "indemnização de clientela" a favor do agente, do concessionário ou do franqueado, qualquer que seja o fundamento da cessação do contrato.

Só para além destes efeitos positivos, que são inerentes à concretização da ineficácia ou a compensações atribuídas a um dos contraentes pelas repercussões

[321] A restituição de bens como efeito da impugnação pauliana (artigo 616º, nº 1) é particular: não significa entrega ao credor impugnante, mas restabelecimento da garantia patrimonial deste, através da exposição desses bens aos meios conservatórios e executórios (CURA MARIANO, ob. cit., p. 242 s).

[322] Ver, neste aspeto, com pormenor, MORAIS CARVALHO, *Manual de Direito do Consumo*, cit., p. 242 ss.

[323] E/ou reconstituição da situação *ex ante*, ação preventiva, inibitória ou executiva, ação direta e sanção disciplinar (nº 7-VI).

da cessação do contrato, se coloca a questão da eventual pós-eficácia. Naquela que me parece a melhor construção, este instituto é restrito à subsistência ou à criação de deveres acessórios[324], designadamente deveres de confidencialidade, de informação e de lealdade (em especial, de não concorrência[325]), atribuídos especificamente por lei ou nela referidos genericamente[326] ou pela aplicação, ajustada, do princípio da boa fé no cumprimento dos contratos (artigo 762º, nº 2).

III. *Em relação a terceiros.* A ineficácia *stricto sensu* justifica-se, nalgumas situações, apenas para a proteção de direitos e interesses de terceiros. Diz-se então que a ineficácia é relativa, sendo o contrato inoponível a qualquer terceiro interessado (por omissão dos registos "declarativos") ou a terceiros determinados:

- ao titular de direitos, na alienação de bem alheio e se a eficácia do ato depender do seu consentimento;
- a outros interessados, se a eficácia depender da sua autorização ou de conhecimento;
- ao credor do ato impugnado, na impugnação pauliana;
- à massa insolvente, nos atos praticados pelo insolvente; e
- em geral, ao terceiro titular de situação jurídica, passiva ou ativa, criada por contrato.

Estes direitos e interesses justificam a legitimidade para a invocação da ineficácia (extensível aos credores da pessoa legitimada para a invocação, se se verificarem os requisitos da ação sub-rogatória; *supra* nº 25-I).

Alguns casos de ineficácia absoluta, isto é, invocável por quaisquer interessados, como os registos constitutivos de hipoteca, de sociedade comercial e de direitos sobre valores mobiliários, explicam-se também pela proteção de interesses de terceiros.

[324] MENEZES CORDEIRO, *Direito das Obrigações*, tomo IV, cit., p. 61 ss, esp. p. 84 ss, 139; aprox. = ID., *Da pós-eficácia das obrigações*, Direito e Justiça, 1984, p. 109 ss. Outras referências: C. MOTA PINTO, *Cessão da posição contratual*, cit., p. 354 ss; ALMEIDA COSTA, *Direito das obrigações*, cit., p. 357 ss; A. MENEZES LEITÃO, *"Revogação unilateral" do mandato, pós-eficácia e responsabilidade pela confiança*, cit., p. 327 ss; ROSÁRIO RAMALHO, *Tratado de Direito do Trabalho. Parte II*, cit., p. 951 ss.

[325] Cfr. artigo 136º do Código do Trabalho, que permite a celebração, por escrito, de pactos de não concorrência com vigência até dois anos após a cessação do contrato de trabalho, desde que se refira a "atividade cujo exercício possa causar prejuízo ao empregador", com compensação atribuída ao trabalhador; sobre estes pactos, S. SILVA E SOUSA, *Obrigação de não concorrência com efeitos* post contractum finitum, Lisboa, 2012.

[326] O artigo 106º nº 1, da Lei do Contrato de Seguro faz referência a "disposições que estatuam a eficácia de deveres contratuais depois do termo do vínculo".

A ineficácia pode também ser invocável *contra* terceiros, sejam pessoas diferentes dos contraentes sejam pessoas diferentes dos terceiros protegidos. As questões mais relevantes, nem sempre de fácil solução, reportam-se aos efeitos para com os subadquirentes de direitos que sejam objeto de contratos ineficazes.

Algumas situações foram esclarecidas no texto antecedente e noutros para que remete:

A ineficácia é invocável contra terceiros em relação a contratos resolvidos por verificação da condição (*supra* nº 14-V e vol. IV, nº 17-VII e VIII), salvaguardando-se, para a reversão, os efeitos da posse e de atos de administração (nº 14-II). Também os efeitos retroativos da resolução em benefício da massa insolvente abrangem terceiros, mas, se a aquisição for gratuita, a obrigação de restituir só existe, salvo má fé, na medida do enriquecimento (*supra* nº 14-V). A impugnação pauliana procedente confere ao credor o direito de exigir a terceiro subadquirente a restituição de bens ao património do devedor, com as ressalvas legais (*supra* nº 23).

Os efeitos da ineficácia *stricto sensu* contra terceiros são também evidentes em caso de omissão de registo constitutivo e de ilegitimidade por alienação ou oneração de bem alheio (nesta situação, porque não vale no direito português a regra "posse vale título"; cfr. vol. V, nº 33-II). O adquirente de comprador de coisa alheia (terceiro em relação aos contraentes e ao proprietário) fica obrigado a restituir a coisa ao proprietário, com direito apenas a indemnização, se se verificarem os respetivos requisitos. Porém, a reivindicação de coisa comprada a comerciante (que negoceie em coisa do mesmo ou semelhante género) por quem esteja de boa fé (quanto à validade da compra) só pode efetivar-se mediante restituição do preço (cfr. artigo 1301º e vol. V, n º33-II).

A omissão de notificação da cessão de créditos e do penhor de créditos tem também efeitos *erga omnes* (*supra* nº 21-I).

Pelo contrário, a ineficácia é em regra ininvocável contra subadquirentes e outros terceiros em caso de resolução (em todas as suas modalidades, exceto por verificação da condição resolutiva) e de revogação da doação fundada em ingratidão do donatário, salvo se o registo da ação for anterior ao registo da aquisição por terceiro (*supra* nºs14-V e 15-III).

Pode assim concluir-se que, em regra, os subadquirentes e outros terceiros não são protegidos das consequências da ineficácia em sentido restrito, como não são, em regra, pelo regime aplicável às invalidades (vol. V, nº 33-II). A exceção no regime da resolução (por incumprimento, justa causa, alteração da circunstâncias e erro sobre a base do negócio) compreende-se pelo tendencial desconhecimento e até surpresa de terceiros quanto à existência de fatores genéticos ou de vicissitudes com valoração negativa e desfavoráveis a um dos contraentes. Se tal desconhecimento não existir, a proteção de terceiro deve ser corrigida nos termos do abuso de direito.

Estas considerações ajudam a solucionar a situação de terceiros em casos ainda não contemplados, tais como os de ineficácia por falta de poderes de representação ou de autorização de terceiro interessado[327], por omissão de comunicações (*supra* nºs 21-I) e por inobservância do fim contratual (nº 22-I) ou de atos praticados após a cessação de contratos com ineficácia *ex nunc* (por exemplo, denúncia ou caducidade de contratos de agência e de consórcio).

Nestas hipóteses, aplicando a regra aqui formulada, a ineficácia abrange tendencialmente os atos praticados com terceiros, sobre quem recai o ónus de informação acerca da eficácia e da vigência dos contratos, ao abrigo dos quais se celebraram atos de aquisição ou de disposição. Para os negócios gratuitos, poderá o terceiro beneficiado responder apenas na medida do seu enriquecimento, aplicando por analogia o artigo 289º, nº 2. As precedências e a informação propiciadas pela publicidade registral, assim como a invocação de abuso de direito, com os requisitos comuns, permitirão excluir ou mitigar a afetação injustificada de direitos adquiridos por terceiro.

27. Aquisição diferida da eficácia e recuperação da eficácia

A ineficácia *stricto sensu* é, nalguns casos, definitiva, sem retorno, sendo a eficácia irrecuperável. É assim, designadamente, em consequência da dissolução do casamento, da cessação do contrato de trabalho por morte do trabalhador e da sentença transitada em julgado que julgue procedente a ação pauliana. Em muitos outros casos, a seguir distribuídos por classes de fatores, o ato inicialmente ineficaz pode adquirir posteriormente, ou recuperar, a eficácia.

I. Os atos ineficazes adquirem ou recuperam eficácia com a *expurgação do fator* determinante *de ineficácia*, o que sucede por diversas vias, positivas e negativas:

A eficácia de atos ineficazes adquire-se com:

- a eliminação do fundamento de ilegitimidade, designadamente por aquisição da coisa que era alheia e a sequente transmissão da titularidade (nº 5), pelo consentimento do titular (nº 7) e pela ratificação (*infra* III);
- a prática do ato omisso, que pode ser o registo constitutivo ou declarativo (nº 19), a autorização por interessado não titular (nº 20), a comunicação em falta (nº 21-I), incluindo a comunicação adequada de cláusulas contratuais gerais (nº 19), o aditamento de certos elementos omissos em contratos de sociedade e de consumo (nº 21-II),a redação do contrato de harmonia com a forma convencional (nº 22-II);

[327] Nesta hipótese, em relação a outros terceiros.

- a verificação da condição suspensiva e a ocorrência do termo inicial (vol. IV, nºs 17-VII e 18-V);
- a redução e a conversão (*infra* IV).

A eficácia adquire-se também por caducidade da invocabilidade da ineficácia (*infra* II).

A eficácia recupera-se com:

- a eliminação do fator suspensivo (nº 12), do ato gerador de incompatibilidade funcional (nº 9) e do ato desconforme com o fim contratual (nº 22-I);
- a expurgação da justa causa de resolução (cfr. nº 14) e a revogação da denúncia (cfr. nº 15), quando a resolução e a denúncia sejam reversíveis;
- a prorrogação do termo final (cfr. nº 16-II).

II. *Caducidade da invocabilidade.* Apesar da dificuldade de fixação de prazos, a invocação da ineficácia *stricto sensu* tem de ser oportuna (*supra* nº 25-III). Passado o tempo apropriado, a invocabilidade caduca, pelo que o contrato afetado por um fator de ineficácia, inicial ou superveniente, recupera a sua eficácia.

III. *Redução e conversão.* A aplicabilidade da conversão aos negócios meramente ineficazes tem sido encarada e resolvida positivamente pela doutrina portuguesa, com fundamento na aplicação analógica do artigo 293º[328], diretamente aplicável a invalidades, desde que, naturalmente, se verifiquem os correspondentes requisitos (cfr. vol. V, nº 35-V).

Pela mesma razão, se justifica a aplicação analógica do artigo 292º (cfr. vol. V, nº 35-IV) à redução de negócios afetados por ineficácia *stricto sensu*. Será assim nos seguintes casos, salvo se o contraente adverso à redução mostrar que o contrato não teria sido concluído sem a parte ineficaz: redução do contrato à parcela eficaz na sequência de denúncia, resolução ou ratificação parciais[329]; redução da venda conjunta de bens próprios e alheios à venda de bens próprios[330].

[328] Ver informação detalhada em CARVALHO FERNANDES, *A conversão dos negócios jurídicos civis*, cit., p. 283 ss, com referências aos direitos alemão, italiano e espanhol a p. 281 ss. A convertibilidade de negócios ineficazes é afirmada, em obras posteriores às que são aí citadas, por exemplo, por PALM, *Willenserklärung*, cit., § 140, an. 10; e GALGANO, *Il contrato*, cit., p. 355.

[329] Sobre a admissibilidade de ratificação parcial, M. HELENA BRITO, ob. cit., p. 192. Em todos estes casos, a questão pode formular-se de outro modo: a denúncia, a resolução e a ratificação parciais são admissíveis se o respetivo contrato puder ser parcialmente reduzido (tal como se diz no loc. cit. em relação à ratificação).

[330] Esta redução está perspetivada em função da ineficácia para o proprietário de bem alheio; mas a solução do caso pode depender igualmente da admissibilidade de redução por nulidade parcial.

O artigo 9º do Decreto-Lei nº 446/85, de 25 de outubro, regula em especial a redução derivada da ineficácia de parte das cláusulas contratuais gerais que não lograram ser inseridas no contrato singular, com a consequente subsistência da parte eficaz do contrato.

A questão da redução não se coloca nos casos de ineficácia relativa, por exemplo, a inoponibilidade a terceiros de contrato transmissivo de direitos sujeitos a registo ou a ineficácia da cessão de quota sem autorização da sociedade, porque não afetam os efeitos *inter partes*. A redução só se verifica com a modificação virtual de contratos com objeto divisível, com salvaguarda do juízo presuntivo de subsistência do contrato. Não tem que ver com a separação *ex lege* e inexorável de efeitos de diferente natureza, v. g. reais e obrigacionais.

São exemplos de conversão de atos ineficazes, verificados os requisitos de forma e de consonância com um juízo hipotético sobre a finalidade das partes: o contrato de alienação ou de penhor de bem alheio em contrato-promessa de alienação ou de penhor do mesmo bem; o contrato com criação de obrigações para outrem em contrato-promessa com o correspondente conteúdo; o contrato de assunção de dívida sem intervenção do credor em contrato-promessa de pagamento pelo novo devedor[331]; o contrato celebrado sem poderes ou com abuso de representação em contrato entre o pretenso representante e a contraparte; o contrato sem observância da forma convencional em acordo pré-contratual final (cfr. vol. I, nº 43-IV).

A conversão de contratos ineficazes está excluída quando a ineficácia provém de termo ou de condição, porque seria contraditória com a função destas cláusulas[332].

IV. A *ratificação* tem sido especialmente estudada no quadro da representação sem poderes. Dispõe o artigo 268º, nº 1, que "o negócio que uma pessoa, sem poderes de representação, celebre em nome de outrem é ineficaz em relação a este, se não for por ele ratificado". Neste âmbito, a ratificação atribui eficácia a um contrato válido, mas ineficaz[333].

A ratificação também se enquadra na representação sem poderes nas seguintes referências legais: ratificação pelo tomador do seguro (artigo 17º, nº 2, da Lei do Contrato de Seguro); ratificação por gerentes e administradores em número

[331] Ver este e outros exemplos em CARVALHO FERNANDES, *A conversão dos negócios jurídicos civis*, cit., p. 865 ss (p. 872 s).

[332] Cfr. CARVALHO FERNANDES, ob. cit., p. 284, 290 ss.

[333] M. HELENA BRITO, *A representação nos contratos internacionais*, cit., p. 198 ss, com referência às posições que, nos direitos romano-germânicos europeus, consideram a ratificação como ato autónomo, *conditio juris* da eficácia do ato ratificado, não como ato participante de negócio em formação; RUI PINTO, *Falta e abuso de poderes de representação voluntária*, cit., p. 91.

suficiente para perfazer os requisitos de representação de sociedades comerciais por quotas e anónimas em relação a atos praticados por um número insuficiente de gerentes e administradores (artigos 261º, nº 1, e 408º, nº 1, do Código das Sociedades Comerciais)[334]; ratificação no ato constitutivo ou pelo conselho de administração de direitos e obrigações emergentes de negócios jurídicos concluídos em nome da sociedade comercial em constituição, mas antes do registo desta (artigo 19º, nº 1, alínea c), e nº 2, do mesmo Código)[335].

Há outros preceitos legais que se referem à ratificação em contexto diferente dos regimes da representação:

- a transmissão de dívida por contrato entre o antigo e o novo devedor só é eficaz se for ratificado pelo credor (artigo 595º, nº 1, alínea a);
- a prestação feita a terceiro extingue a obrigação, entre outros casos, se o credor a ratificar (artigo 770º, alínea a);
- o subarrendamento não autorizado pode ser ratificado pelo senhorio (artigo 1088º, nº 2);
- a substituição, por falta definitiva ou impedimento temporário, de administradores de sociedade anónima, que seja deliberada por órgão diferente da assembleia geral, quando competente para a sua designação, deve ser ratificada por esta (CSC, artigos 393º, nº 4, e 425º, nº 4), sob pena de ineficácia[336];
- a ratificação pela pessoa nomeada no contrato para pessoa a nomear (artigo 453º, nº 2), que nem sempre se reporta à atuação sem poderes de representação (vol. II, nº 11-III).

Todos estes casos – ratificação na representação sem poderes e ratificação fora da representação sem poderes[337] – têm em comum repor a eficácia de atos anteriores que são ineficazes por ilegitimidade. Num conceito amplo, suportado

[334] O artigo 192º, nº 3, do mesmo Código, aplicável á falta de poderes em negócios praticados em nome de sociedades em nome coletivo, refere-se literalmente a confirmação, quando, em rigor, se trata de ratificação. Inversamente, no artigo 412º, nº 3, do mesmo Código, lê-se que "assembleia geral pode ratificar qualquer deliberação anulável do conselho de administração", quando, em rigor, se deveria ter escrito "confirmar".

[335] Cfr. MANUEL PITA, *O regime da sociedade irregular e a integridade do capital social*, Coimbra, 2004, p. 469, 478 ss. A qualificação como ratificação da decisão da administração mencionada no nº 2 é da minha responsabilidade.

[336] Caducidade, segundo RICARDO COSTA, *Código das Sociedades Comerciais em comentário*, vol. VI, cit., p. 277 e 719.

[337] HÖRSTER, *A parte geral do Código Civil português*, cit., p. 497 ss, inclui nos "negócios jurídicos com efeitos dependentes de ratificação", além dos que sejam celebrados sem poderes de poderes, também os celebrados pelo insolvente e o contrato para pessoa a nomear.

pelos regimes legais, ratificação é o ato praticado por quem tem legitimidade com a consequente atribuição de eficácia a ato anterior, ineficaz por ilegitimidade. O regime da ratificação de atos celebrados sem poderes de representação ou com abuso deles é adequado para a aplicação, com as necessárias adaptações, a outros casos de ratificação de atos ineficazes por ilegitimidade.

Por isso, sustentei antes (nº 5-II a IV) que os atos de alienação, a hipoteca, o penhor ou a consignação de rendimentos de bem alheio podem ser ratificados pelo proprietário.

No direito português, a ratificação é sempre posterior ao ato legitimado. A legitimação anterior pelo titular resulta de procuração ou de consentimento. Com a ratificação, não se atribuem poderes, assumem-se os efeitos de negócio já celebrado[338].

V. *Tempo relevante e pendência.* Sempre que a aquisição ou a recuperação da eficácia resulta de um ou mais fatos posteriores ao contrato ineficaz, coloca-se a questão de saber qual é o momento relevante para a eficácia.

A questão não abrange a caducidade da invocabilidade, a redução e a conversão, porque não dependem de ato posterior: a caducidade advém da inação, a redução e a conversão são operações virtuais de recomposição do ato ineficaz. Em caso de caducidade da invocabilidade, de redução e de conversão, o momento relevante de eficácia é portanto, sem dúvida, o do contrato que, por algumas destas vias, se reconsidera como eficaz.

A verificação da condição suspensiva tem, em regra, eficácia retroativa (artigo 276º)

Para o amplo conjunto de casos de aquisição ou de recuperação da eficácia por expurgação do fator de ineficácia, a regra geral é da eficácia prospetiva, *ex nunc*, desde o momento da prática do último ato de que depende a eficácia.

É assim, por natureza, para os registos constitutivos, salvo o registo de casamento, cujos efeitos civis, atendendo à sua natureza pessoal, retrotraem à data da sua celebração (artigo 1670º, nº 1). A eficácia *ex nunc* é explícita para a constituição de sociedades comerciais: "As sociedades gozam de personalidade jurídica e existem como tais *a partir da data* do registo definitivo do contrato pelo qual se constituem" (CSC, artigo 5º). E também para os registos declarativos, de que é modelo o registo predial, como decorrência dos princípios da prioridade e do

[338] RUI PINTO, ob. cit., p. 73 ss. Para o direito alemão, ver nota 86 *supra*. No direito italiano, a ratificação (*ratifica*) reporta-se a atos praticados por *falsus procurator* e pelo gestor de negócios (Código Civil, artigos 1399 e 2032; SACCO & DE NOVA, *Il contratto*, Torino, I, 1998, p. 128, II, 1999, p.188 ss; GALGANO, *Il contratto*, cit., p. 401 ss, 585). A aprovação da gestão de negócios é, no direito português (artigo 469º), ato diferente da ratificação (MENEZES CORDEIRO, *Tratado de Direito Civil Português, I. Parte Geral*, tomo IV, cit., p. 110).

trato sucessivo: "os factos sujeitos a registo só produzem efeitos contra terceiros *depois da data* do respetivo registo" (respetivo Código, artigo 5º, nº 1).

Em diversos casos de exigência de autorização por interessado não titular, de reconhecimento por este ou de comunicação a ele dirigida, a lei é clara no sentido de que a eficácia só se verifica a partir desses atos: "A cessão de quotas *inter vivos* não produz efeitos para com a sociedade *enquanto* não for consentida por esta" (CSC, artigo 228º, nº 2)[339]; a transmissão de quota entre vivos de quota, de parte do sócio em sociedades em nome coletivo e da parte de sócio comanditado tornam-se eficaz para a sociedade *logo que* sejam comunicadas à sociedade ou por ela reconhecidas (artigos 228º nº 3, 182º, nº 4, e 469º, nº 2, do CSC); a eficácia do contrato cessão da posição contratual autorizada pelo outro contraente antes da cessão só produz efeitos *a partir da* sua notificação ou reconhecimento (artigo 424º, nº 2); a sublocação só produz efeitos em relação ao locador *a partir do* reconhecimento pelo locador ou de comunicação a este dirigida (artigo 1061º, com referência ao artigo 1038º, alíneas f) e g).

Em contrário desta regra da eficácia *ex nunc*, a ratificação de negócios celebrados sem poderes de representação tem eficácia retroativa (artigo 268º, nº 2)[340]. É assim também noutros direitos, como o alemão e o italiano, que ressalvam diferente acordo entre o ratificante e a contraparte (*BGB*, § 184, nº 1, *Codice Civile*, artigo 1399, nº 3). Esta faculdade deve também ser admitida no direito português, visto que o citado preceito não parece ser imperativo.

A justificação para a retroatividade da ratificação radica, em minha opinião, na convergência dos presumíveis interesses envolvidos e explica-se, em termos de construção dogmática, por a ratificação ser um sucedâneo, um ato equivalente, da procuração, quase uma procuração *a posteriori*.

O artigo 268º, nº 2, aplica-se diretamente à ratificação no âmbito do instituto da representação. À ratificação, que se admita noutros casos de ilegitimidade (*supra* III), deve ser, havendo analogia, atribuída também eficácia retroativa.

São várias as providências legais aplicáveis ao tempo de pendência de eventual ratificação. Por um lado, para eliminar incerteza dos participantes, "enquanto o negócio não for ratificado, tem a outra parte a faculdade de o revogar ou rejeitar, salvo se, no momento da conclusão, conhecia a falta de poderes do representante" (artigo 268º, nº 4) e, enquanto não for ratificado pelo credor, podem o antigo e o novo devedor distratar o contrato de transmissão de dívida (artigo 596º, nº 1). Considera-se negada a ratificação, se não for feita dentro do prazo que os

339 "A ineficácia mantém-se enquanto o consentimento não tiver sido dado" (SOVERAL MARTINS, *Código das Sociedades Comerciais em comentário*, cit., vol. III, 2011, p. 456).

340 No direito alemão, o tempo da eficácia em sentido restrito reporta-se, em geral, *ex nunc*, ao conjunto dos factos relevantes (*Tatbestand*), mas a ratificação gera eficácia *ex tunc* (LARENZ & WOLF, *Allgemeiner Teil des Bürgerlichen Rechts*, 9ª ed., München, 2004, p. 808).

interessados (a contraparte ou os devedores) fixarem para o efeito a quem tem o poder de ratificar (artigos 268º, nº 3, e 596º, nº 2)[341].

Por outro lado, a aplicação retroativa da ratificação não prejudica os direitos de terceiros (artigo 268º, nº 2, *in fine*), isto é, de quem, antes da ratificação, os tenha adquirido por efeito de contrato celebrado com o futuro ratificante ou seu representante com poderes para o ato, se tais direitos forem incompatíveis com os efeitos do contrato ratificado. Assim, em caso de dupla venda do mesmo bem, respetivamente, sem poderes e com poderes, a posterior compra a quem tinha poderes prevalece sobre a compra e venda ratificada, salvo se, tratando-se de coisa registável, o registo desta for anterior ao registo daquela.

Estas regras são suscetíveis de aplicação, *mutatis mutandis*, a outros casos de ratificação, havendo analogia bastante[342].

28. Proposições conclusivas

Tudo o que antecede permite ensaiar algumas proposições sobre o regime geral da ineficácia[343].

I. *Invocabilidade*

1ª É de conhecimento oficioso e invocável por qualquer interessado a ineficácia consequente de factos que operam por si só e a ineficácia justificada por relevante interesse público.

2ª Em qualquer outro caso, a ineficácia pode ser invocada pela pessoa ou pelas pessoas em cujo interesse a lei a estabelece; a invocabilidade é extensível aos credores da pessoa legitimada para a invocação, se se verificarem os requisitos da ação sub-rogatória.

3ª Tem legitimidade passiva em ações para a declaração ou o reconhecimento de ineficácia quem, seja contraparte ou terceiro, poderia obter, com a eficácia do ato, alguma vantagem, jurídica ou prática, patrimonial ou não.

[341] A presunção é em sentido inverso para contrato celebrados por agentes: "Considera-se o negócio ratificado se a outra parte, logo que tenha conhecimento da sua celebração e do conteúdo essencial do mesmo, não manifestar ao terceiro de boa fé, no prazo de cinco dias a contar daquele conhecimento, a sua oposição ao negócio" (artigo 22º, nº 2, do citado Decreto-Lei nº 178/86).

[342] Em relação à retroatividade dos efeitos do casamento só posteriormente registado, o artigo 1670º, nº 2, ressalva "os direitos de terceiro que sejam compatíveis com os direitos e deveres de natureza pessoal dos cônjuges e dos filhos". A ressalva abrange, por exemplo, os direitos sucessórios adquiridos por falecimento de um dos cônjuges no tempo que medeia o casamento e o seu registo, mas não a validade do casamento com terceiro (LUÍS SILVEIRA, em *Código Civil anotado*, org. Ana Prata, cit., II, p. 541).

[343] Entenda-se, ineficácia em sentido restrito, aqui e em todo este nº 28, como, geralmente, no restante texto.

4ª A ineficácia deve ser invocada em prazo razoável, em regra, três anos a partir do conhecimento do seu fundamento. Se o conhecimento da ineficácia for oficioso, em defesa de interesse público muito relevante, pode o tribunal ou qualquer interessado invocar a ineficácia a todo o tempo.

5ª Salvo ação judicial própria, a ineficácia pode ser invocada por qualquer meio, judicial ou extrajudicial.

II. *Consequências*

6ª A ineficácia só é retroativa quando tal decorra da lei ou da finalidade típica do seu fundamento.

7ª A obrigação de restituição aplica-se à cessação do contrato com efeitos retroativos e, em qualquer caso, à devolução de bens pertencentes a um dos contraentes que estejam em poder do outro.

8ª Salvo disposição legal diferente, os subadquirentes e outros terceiros não são protegidos das consequências da ineficácia.

III. *Aquisição diferida da eficácia e recuperação de eficácia*

9ª A eficácia de ato ineficaz adquire-se ou recupera-se com a expurgação do fator de ineficácia e com a caducidade da sua invocabilidade.

10ª À redução e conversão de contratos ineficazes aplicam-se, com as necessárias adaptações, os regimes da redução e da conversão de contratos inválidos.

11ª O regime da ratificação de contratos celebrados com falta ou abuso de poderes de representação aplica-se, com as necessárias adaptações, a outros casos de ratificação de contratos ineficazes por ilegitimidade.

12ª De entre os casos de aquisição diferida e de recuperação de eficácia só a condição suspensiva, o registo de casamento e a ratificação têm eficácia retroativa.

13ª A retroatividade da ratificação não prejudica os direitos de quem, antes da ratificação, os tenha adquirido por efeito de contrato celebrado com o futuro ratificante ou com seu representante com poderes para o ato, se tais direitos forem incompatíveis com os efeitos deste contrato.

BIBLIOGRAFIA CITADA

ALARCÃO, RUI DE, *Invalidade dos negócios jurídicos*, Boletim do Ministério da Justiça, nº 89, 1959, p. 199 ss

ALARCÃO, RUI DE, *Erro, dolo e coacção – Representação – Objecto negocial, negócios usurários – Condição. Anteprojecto para o novo Código Civil*, Boletim do Ministério da Justiça, nº 102, 1961, p. 167 ss

ALARCÃO, RUI DE, *Do negócio jurídico. Anteprojecto para o novo Código Civil*, Boletim do Ministério da Justiça, nº 105, 1961, p. 249 ss

ALARCÃO, RUI DE, *Breve Motivação do anteprojecto sobre o negócio jurídico na parte relativa ao erro, dolo, coacção, representação, condição e objecto negocial*, Boletim do Ministério da Justiça, nº 138, 1964, p. 71 ss

ALARCÃO, RUI DE, *Sobre a invalidade do negócio jurídico*, Estudos em Homenagem ao Prof. Doutor J. J. Teixeira Ribeiro, III, Iuridica, Coimbra, 1983, p. 609 ss

ALBUQUERQUE, PEDRO DE, *A representação voluntária no direito civil português*, Coimbra, 2004

ALBUQUERQUE, PEDRO DE, *Direito das Obrigações. Contratos em especial*, vol. I, tomo I, Coimbra, 2008

ALMEIDA COSTA, M. J., *Direito das obrigações*, 11ª ed., Coimbra, 2011

ALVES DE BRITO, J. M., *Seguro marítimo de mercadorias: descrição e notas ao seu regime jurídico*, Coimbra, 2006

ANDRADE, MANUEL DE, *Teoria geral da relação jurídica*, II, *Facto jurídico, em especial negócio jurídico*, Coimbra, 1964

ANSON's Law of contract, 29ª ed. por Beatson, Burrows & Cartwright, Oxford, 2010

ANTUNES VARELA, J., *Das Obrigações em Geral*, I, 9ª ed., Coimbra, 1996

AZEVEDO MOURA, M., *Os limites da vinculação unilateral – a promessa (unilateral) no direito civil*, Lisboa, 2018 (policop.).

AZEVEDO RAMALHO, T., *Da legitimidade para a produção de efeitos jurídico-negociais*, Porto, 2017 (policop.)

BAPTISTA MACHADO, J., *Pressupostos da resolução por incumprimento*, Obra dispersa, I, Braga, 1991 (orig. 1979), p. 125 ss

BAPTISTA MACHADO, J., *Do princípio da liberdade contratual – anotação*, Obra dispersa, I, Braga, 1991 (orig. 1987), p. 623 ss

BAPTISTA MACHADO, J., *Parecer sobre denúncia e direito de resolução de contrato de locação de estabelecimento comercial*, Obra dispersa, I, Braga, 1991, p. 647 ss

BÁRTOLO, DIOGO, *Venda de bens alheios*, Estudos em homenagem ao Professor Doutor Inocêncio Galvão Telles, vol. IV, Coimbra, 2003, p. 383 ss

BETTI, E., *Teoria generale del negozio giuridico*, Torino, 1950, reimp. Napoli, 1994

BIANCA, C. M., *Diritto civile*, 3, *Il contratto*, Milano, 1994

BRANDÃO PROENÇA, J. C., *A Resolução do Contrato no Direito Civil. Do Enquadramento e do Regime*, Coimbra, 1982

BRANDÃO PROENÇA, J. C., *Lições de cumprimento e não cumprimento das obrigações*, Coimbra, 2011

BRITO, M. HELENA, *O contrato de concessão comercial*, Coimbra, 1990

BRITO, M. HELENA, A *representação nos contratos internacionais*, Coimbra, 1999

BRITO CORREIA, L., *Os administradores das sociedades anónimas*, Coimbra, 1993

CÂMARA, PAULO, *Manual de Direito dos Valores Mobiliários*, 3ª ed., Coimbra, 2016

CAMPOS VALENTE, M. C., *O Requisito da Má Fé na Impugnação Pauliana*, Lisboa, 2014, p.19 (https://repositorio.ucp.pt/bitstream/10400.14/15658/1/Tese%20de% 20Mestrado%20O%20requisito%20da%20m%C3%A1%20f%C3%A9%20na%20impugna%C3%A7%C3%A3o%20pauliana%20v.final%2028.03.2014.pdf)

CANAS DA SILVA, R., *Suspensão laboral. Ausência temporária da prestação de trabalho*, Coimbra, 2017

CARVALHO FERNANDES, L., *A conversão dos negócios jurídicos civis*, Lisboa, 1993

CARVALHO FERNANDES, L., *Teoria Geral do Direito Civil*, 5ª ed., Lisboa, I, 2009, II, 2010

CARVALHO FERNANDES & LABAREDA, *Código da Insolvência e da Recuperação de Empresas anotado*, Lisboa, 2008

CHESCHIRE, FIFOOT & FURMSTON's Law of Contract, 15ª ed. por M. P. Furmston, London, 2007

Código Civil anotado (org. Ana Prata), Coimbra, 2017, an. por E. Sequeira Santos, G. Reis Martins, M. Lima Rego, Helena Brito & Lurdes Vargas, R. Teixeira Pedro, J. Serras de Sousa, Manuel Pita, Luís Silveira

Código das Sociedades Comerciais Anotado (org. Menezes Cordeiro), 2ª ed., Coimbra, 2011

Código das Sociedades Comerciais em comentário (org. Coutinho de Abreu), Coimbra, vol. I, 2010, vol. II, 2011, vol. III, 2011, vol. IV, 2ª ed., 2017, vol. VI, 2013, an. por Soveral Martins, Ricardo Costa, Remédio Marques, Carolina Cunha, G. Figueiredo Dias, Coutinho de Abreu

COSTA E SILVA, J. *Alguns aspetos da venda de bens alheios no Código Civil*, 2014 (https://repositorio.ucp.pt/bitstream/0400.14/16416/1/Tese%20Jorge%20Nuno%202%20-%20 VERS%C3%83%20FINALISSIMA.pdf)

COSTA E SILVA, P., *As operações de venda a descoberto de valores mobiliários*, Coimbra, 2009

COUTINHO DE ABREU, J. M., *Curso de direito comercial*, I, 10ª ed., Coimbra, 2016

COUTO GONÇALVES, L., *A (des)articulação entre os princípios da consensualidade e da publicidade dos direitos reais*, Código Civil de 1966. Novos Desafios. Comemorações dos 50 anos do Código Civil, Braga, 2017, p. 71 ss

CRISTAS, M. ASSUNÇÃO, *Transmissão contratual do direito de crédito. Do carácter real do direito de crédito*, Coimbra, 2005

CUNHA, CAROLINA, *A indemnização de clientela do agente comercial*, Coimbra, 2003

CUNHA GONÇALVES, L., *Da compra e venda no direito comercial português*, 2ª ed., Coimbra, 1925

CURA MARIANO, J., *Impugnação pauliana*, 2ª ed., Coimbra, 2008

DÍEZ-PICAZO, L., *Fundamentos de derecho civil patrimonial*, I, *Introducción. Teoría del contrato*, 6ª ed., Cizur Menor, 2007

DUARTE PINHEIRO, J., *O negócio consigo mesmo*, Estudos em homenagem ao Professor Doutor Inocêncio Galvão Telles, vol. IV, Coimbra, 2003, p. 141 ss

DUARTE PINHEIRO, J., *O Direito da Família contemporâneo. Lições*, 4ª ed., Lisboa, 2013

EIRÓ, VERA, *A transmissão de valores mobiliários – as acções em especial*, Themis, nº 11, 2005, p. 145 ss

EPIFÂNIO, ROSÁRIO, *Manual de Direito da Insolvência*, 4ª ed, Coimbra, 2012

FARRAJOTA, JOANA, Anticipatory breach *no direito português*, Estudos em homenagem a CFA, Coimbra, 2011, II, p. 287 ss

FARRAJOTA, JOANA, *A resolução do contrato sem fundamento*, Coimbra, 2015

FERREIRA DE ALMEIDA, C., *Publicidade e teoria dos registos*, Coimbra, 1966

FERREIRA DE ALMEIDA, C., *Recusa de cumprimento declarada antes do vencimento (Estudo de direito comparado e de direito civil português)*, Estudos em memória do Professor Doutor João de Castro Mendes, Lisboa, s/d (mas 1995), p. 289 ss

FERREIRA DE ALMEIDA, C., *Contratos I. Conceito. Fontes. Formação*, 6ª ed., Coimbra, 2017; *Contratos II. Conteúdo. Contratos de troca*, 4ª ed., Coimbra, 2016; *Contratos III. Contratos de liberalidade, de cooperação e de risco*, 2ª ed., Coimbra, 2013; *Contratos IV. Funções. Circunstâncias. Interpretação*, 2ª ed., Coimbra, 2018; *Contratos V. Invalidade*, Coimbra, 2017

FERREIRA DE ALMEIDA, C., *Direito do Consumo*, Coimbra, 2005

FERREIRA DE ALMEIDA, C., *Transmissão contratual da propriedade – entre o mito da consensualidade e a realidade de múltiplos regimes*, Themis, nº 11, 2005, p. 5 ss

FERREIRA DE ALMEIDA, C., *Erro sobre a base do negócio*, Cadernos de Direito Privado, nº 43, 2013, p. 3 ss

FERREIRA DE ALMEIDA, C., *Caducidade do direito a indemnização por informação deficiente no âmbito dos mercados de valores mobiliários*, Cadernos do Mercado de Valores Mobiliários, nº 54, 2016, p. 1 ss

FERREIRA DE ALMEIDA, C., *Invalidade, inexistência e ineficácia*, Católica Law Review, vol. I, nº 2, 2017, p. 9 ss

FERREIRA PINTO, F., *Contratos de distribuição. Da tutela do distribuidor integrado em face da cessação do vínculo*, Lisboa, 2013

FERREIRA PINTO, F., *Resolução dos contratos duradouros*, Código Civil. Edição comemorativa do cinquentenário, Lisboa, 2017, p. 463 ss

FONTES DA COSTA, M., *Da alteração superveniente das circunstâncias. Em especial à luz dos contratos bilateralmente comerciais*, Coimbra, 2017

FREITAS RIBEIRO, B. F., *As Ações Próprias e o Capital Social*, 2013, https://repositorio.ucp.pt/bitstream/10400.14/16790/1/Disserta%C3%A7%C3%A3o_BrunoRibeiro.pdf

GALGANO, F., *Il contratto*, Padova, 2007

GALVÃO TELES, M., *Eficácia dos tratados na ordem interna portuguesa (condições, termos e limites)*, Lisboa, 1967

GALVÃO TELLES, I., *Contratos civis (Projecto completo de um título do futuro Código Civil Português e respectiva Exposição de Motivos)*, Revista da Faculdade de Direito da Universidade de Lisboa, vol. IX-X, 1953-54 (separata)

GALVÃO TELLES, I., *Direito das Obrigações*, 7ª ed., Coimbra, 1997

GALVÃO TELLES, I., *Manual dos contratos em geral*, 2ª ed., Lisboa, 1962, 4ª ed., Coimbra, 2002 (reimp. 2010)

GOMES, M. JANUÁRIO, *Em tema de revogação do mandato civil*, Coimbra, 1989

GOMES CANOTILHO, J. J., *Direito constitucional e teoria da Constituição*, 7ª ed., Coimbra, 2003

GRAVATO DE MORAIS, F., *União de contratos de crédito e de venda para consumo*, Coimbra, 2004

GRAVATO DE MORAIS, F., *Resolução em benefício da massa insolvente*, Coimbra, 2008

GUIA PEREIRA, P., *Nótulas sobre tipologia do incumprimento*, Estudos em homenagem a CFA, Coimbra, 2011, II, p. 637 ss

GUICHARD, RAÚL, *Da relevância jurídica do conhecimento no Direito Civil*, Porto, 1996

GUICHARD, RAÚL, O *negócio consigo mesmo*, Revista de Ciências Empresariais e Jurídicas, nº 11, 2007, p. 25 ss

HÖRSTER, H. E., *A parte geral do Código Civil português. Teoria Geral do Direito Civil*, Coimbra, 1992

JARDIM, MÓNICA, *A venda de coisa alheia como própria*, Estudos em homenagem ao Prof. Doutor Manuel da Costa Andrade, Coimbra, 2017, vol. III, p. 197 ss

KÖTZ, H., *Vertragsrecht*, 2ª ed., Tübingen, 2012

LARENZ & WOLF, *Allgemeiner Teil des Bürgerlichen Rechts*, 9ª ed., München, 2004

LASARTE, C., *Contratos*, 9ª ed., Madrid, Barcelona, 2006

Lei do contrato de seguro anotada, org. Romano Martinez e o., Coimbra, 2016

LIMA REGO, M., *Contrato de seguro e terceiros. Estudo de Direito Civil*, Coimbra, 2010

MAGALHÃES COLLAÇO, I., *Da legitimidade no acto jurídico*, Boletim do Ministério da Justiça, nº 10, 1949, p. 20 ss

MEDICUS & LORENZ, *Schuldrecht I. Allgemeiner Teil*, 20ª ed., München, 2012

MENEZES CORDEIRO, A., *Da pós-eficácia das obrigações*, Direito e Justiça, 1984, p. 109 ss

MENEZES CORDEIRO, A., *Da boa fé no direito civil*, Coimbra, 1985

MENEZES CORDEIRO, A., *Da ineficácia civil. Reflexões críticas*, Estudos em Honra do Professor Doutor José de Oliveira Ascensão, Coimbra, 2008, I, p. 233 ss

MENEZES CORDEIRO, A., *Tratado de Direito Civil Português, I. Parte Geral*, tomo IV, Coimbra, 2005; *II, Direito das Obrigações*, tomo II, Coimbra, 2010; tomo IV, Coimbra, 2010

MENEZES CORDEIRO, A., *Tratado de Direito Civil*, II, *Parte Geral. Negócio jurídico*, 4ª ed., Coimbra, 2014; XI, *Contratos em especial* (1ª parte), Coimbra, 2018

MENEZES LEITÃO, A., *"Revogação unilateral" do mandato, pós-eficácia e responsabilidade pela confiança*, Estudos em homenagem ao Professor Doutor Inocêncio Galvão Telles, Coimbra, vol. I, 2002, p. 305 ss

MENEZES LEITÃO, L., *Direito das Obrigações*, vol. II, *Transmissão e extinção das obrigações. Não cumprimento e garantias do crédito*, 7ª ed., Coimbra, 2010; vol. III, *Contratos em especial*, 8ª ed., Coimbra, 2013

MENEZES LEITÃO, L., *Direito da Insolvência*, 3ª ed., Coimbra, 2011

MIRANDA, YARA, *Venda de coisa alheia*, Themis, nº 11, 2005, p. 111 ss

MONTEIRO, MANUEL, *Regime europeu do short selling*, Cadernos do Mercado de Valores Mobiliários, 51, 2015, II, p. 29 ss

MONTEIRO PIRES, C., *Impossibilidade da prestação*, Coimbra, 2017

MORAIS ANTUNES, J. T., *Do contrato de depósito* escrow, Coimbra, 2007

MORAIS CARVALHO, J., *Manual de Direito do Consumo*, 5ª ed., Coimbra, 2018

MOTA PINTO, C., *Cessão da posição contratual*, Coimbra, 1970

MOTA PINTO, C., *Teoria geral do direito civil*, 4ª ed. por A. Pinto Monteiro e P. Mota Pinto, Coimbra, 2005

MOTA PINTO, P., *Interesse contratual negativo e interesse contratual positivo*, Coimbra, 2007

OEHEN MENDES, M., *Contratos de transmissão de patente*, Contratos de Direito de Autor e de Direito Industrial, Coimbra, 2011, p. 371 ss

OLAVO CUNHA, P., *Venda de bens alheios*, Revista da Ordem dos Advogados, nº 47, 1987, p. 419 ss

OLIVEIRA ASCENSÃO, J., *Direito civil. Teoria geral*, I, *Introdução. As pessoas. Os bens*, Coimbra, 1997; II, *Acções e factos jurídicos*, 2ª ed., Coimbra, 2003; III, *Relações e situações jurídicas*, Coimbra, 2002

PACHECO DE AMORIM, J., *A invalidade e a (in)eficácia do contrato administrativo no Código dos Contratos Públicos*, Estudos de Contratação Pública (org. Pedro Gonçalves), Coimbra, I, 2008, p. 627 ss

PAIS DE VASCONCELOS, P., *Teoria geral do direito civil*, 8ª ed., Coimbra, 2015

PAIS DE VASCONCELOS, P. L., *A autorização*, Coimbra, 2012

PALM, H., *Willenserklärung*, ERMAN, *BGB*, 12ª ed., Köln, 2008, I, p. 270 ss

PEREIRA, LURDES & MÚRIAS, PEDRO, *Sobre o conceito e a extensão de sinalagma*, Estudos em Honra do Professor Doutor José de Oliveira Ascensão, Coimbra, 2008, I, p 379 ss

PEREIRA COELHO, F., *Arrendamento. Direito substantivo e processual*, Coimbra, 1988

PEREIRA COELHO & GUILHERME DE OLIVEIRA, *Curso de direito da família*, I, *Introdução. Direito matrimonial*, 4ª ed., Coimbra, 2008; II, *Direito da filiação*, tomo I, *Estabelecimento da filiação. Adopção*, Coimbra, 2006

PEREIRA COELHO, F. B., *Contratos complexos e complexos contratuais*, Coimbra, 2014

PINTO, RUI, *Falta e abuso de representação voluntária*, Lisboa, 1994

PINTO DUARTE, R., *Efeitos da declaração da insolvência quanto à pessoa do devedor*, Themis, 2005, ed. esp., p. 131 ss

PINTO MONTEIRO, A., *Contratos de distribuição comercial*, Coimbra, 2002

PINTO MONTEIRO, A., *Contrato de agência*, 7ª ed., Coimbra, 2010

PINTO MONTEIRO, A., *Sobre as "cláusulas de rescisão" dos jogadores de futebol*, Revista brasileira de direito comprado, nº 38, 2010, p. 31 ss

PINTO OLIVEIRA, N., *Contrato de compra e venda*, Coimbra, 2007

PIRES DE LIMA & ANTUNES VARELA, *Código Civil anotado*, vol. I, 4ª ed., Coimbra, 1987; vol. II, 3ª ed., Coimbra, 1986; vol. III, 2ª ed., Coimbra, 1987

PITA, MANUEL, *O regime da sociedade irregular e a integridade do capital social*, Coimbra, 2004

PRATA, CARVALHO & SIMÕES, *Código da Insolvência e da Recuperação de Empresas anotado*, Coimbra, 2013

Principles. Definitions and Model Rules of European Private Law. Draft Common Frame of Reference (DCFR), Full edition (org. von Bar & Clive), Munich, 2009

Principles of European Contract Law. Parts I and II (org. Ole Lando & Hugh Beale), The Hague, Boston, London, 2000

RAMALHO, M. ROSÁRIO, *Tratado de Direito do Trabalho. Parte II – Situações laborais individuais*, 5ª ed., Coimbra, 2014

RAMOS ALVES, H., *Do penhor*, Coimbra, 2010

REMÉDIO MARQUES, J. P., *Alguns aspectos processuais da tutela da personalidade humana no novo Código de Processo Civil de 2013*, http://www.cej.mj.pt/cej/ recursos/ebooks/ProcessoCivil/Reforma_do_processo_civil.pdf, 2013

RIBEIRO ALVES, F., *Direito dos seguros. Cessação do contrato. Práticas comerciais*, Coimbra, 2015

RIBEIRO MENDES, A., *Exercício da impugnação pauliana e a concorrência entre credores*, Estudos em homenagem à Professora Doutora Isabel de Magalhães Collaço, Coimbra, 2002

ROHWER & SKROCKI, *Contracts in a nutshell*, 5ª ed., St. Paul, Minn., 2000

ROMANO MARTINEZ, P., *Da cessação do contrato*, Coimbra, 2005

ROMANO MARTINEZ & FUZETA DA PONTE, *Garantias de cumprimento*, 5ª ed., Coimbra, 2005

SACCO & DE NOVA, *Il contratto*, Torino, I, 1998, II, 1999

SANTOS JUSTO, A., *Manual de contratos civis. Vertentes romana e portuguesa*, Lisboa, 2017

SCHLECHTRIEM, P., *Schuldrecht. Allgemeiner Teil*, 3ª ed., Tübingen, 1999

SERRA, CATARINA, *O novo regime português da insolvência. Uma introdução*, Coimbra, 2004

SILVA E SOUSA, S., *Obrigação de não concorrência com efeitos* post contractum finitum, Lisboa, 2012

SOTTOMAYOR, M. CLARA, *Invalidade e registo: a protecção do terceiro adquirente de boa fé*, Coimbra, 2010

SOVERAL MARTINS, A., *Cláusulas do contrato de sociedade que limitam a transmissibilidade de acções*, Coimbra, 2006

SOVERAL MARTINS, A., *Um curso de Direito da Insolvência*, 2ª ed., Coimbra, 2016

ULRICH, RUY, *Da bolsa e suas operações*, Coimbra, 1906

UNIDROIT Principles of International Commercial Contracts, Rome, 2016

VARGAS, M. LURDES, *Escândalos no desporto e perturbação do contrato de patrocínio. A desconformidade textual da prestação*, Lisboa, 2018

VASCONCELOS, JOANA, *Forma convencional*, Comentário ao Código Civil. Parte Geral (org. Carvalho Fernandes e o.), Lisboa, 2014, p. 501 ss

VAZ PINTO, F., *Os limites à liberdade de estipulação em matéria de denúncia*, Sub judice, nº 39, 2007, p. 45 ss

VAZ SERRA, A., *Resolução do contrato*, Boletim do Ministério da Justiça, nº 68, 1957, p. 153 ss

VENTURA, RAÚL, *Auto-participação da sociedade: as acções próprias*, Revista da Ordem dos Advogados, 1978, II, p. 217 ss, III, p. 429 ss

VENTURA, RAÚL, *O contrato de compra e venda no Código Civil. Venda de bens alheios – Venda com expedição*, Revista da Ordem dos Advogados, 1980, II, p. 305 ss

VENTURA, RAÚL, *Contrato de compra e venda no Código Civil. Efeitos essenciais: a transmissão da propriedade da coisa ou da titularidade do direito; a obrigação de entregar a coisa*, Revista da Ordem dos Advogados, 1983, III, p. 587 ss

VENTURA, RAÚL, *Alterações do contrato de sociedade*, Coimbra, 1986

WOLF & NEUNER, *Allgemeiner Teil des Bürgerlichen Rechts*, 10ª ed., München, 2012

ÍNDICE ANALÍTICO*

* As remissões indicam partes da obra, não indicam páginas. Os lugares mais relevantes são assinalados a negro. Na designação dos tipos e subtipos contratuais omite-se a palavra "contrato".

ÍNDICE GERAL

§ 3º
SUSPENSÃO E CESSAÇÃO DE VIGÊNCIA

§ 5º
CONTRIBUTOS PARA O REGIME GERAL DA INEFICÁCIA